辻・本郷審理室 ダイレクトアシスト 令和2年度 税制改正要点解説

ゼミナール vol.4

辻・本郷 税理士法人　ダイレクトアシスト／編著

TOHOSHOBO

はじめに

　日銀が採用している異次元の金融緩和政策によって通貨供給量は潤沢ですが、日銀が目指すインフレ率2％はなかなか実現しそうにありません。日銀が供給した通貨はどこに眠っているのでしょうか。皆さんの財布の中ですか。多分違うと思います。

　日銀は金融緩和をすることにより金利を下げ、企業に設備投資を促したいのではないでしょうか。そしてその設備投資を通じて景気を拡大させ、緩やかなインフレ状態を作り出したいのだと思います。

　ところが企業は景気の先行きに不安感を持っているため、資金を設備投資に振り向けずにそのまま企業内に留保してしまいます。

　同じ理由で従業員の給与を上げることにも躊躇しています。

　したがって多額の資金が利用されることなく、企業内に留保されています。

　このような状態をなんとか打破していかなければならないと政府は考えています。

　このため政府は毎年、いわゆる「骨太の方針」を国民に示し、とるべき経済政策を明らかにしてきました。

　「骨太の方針」その他の政府提言によると、令和2年度の経済政策は令和元年10月に行われた消費増税後の景気落ち込みを最小限とすること、企業の内部留保を投資に向けさせること、家計に対しては貯蓄から投資への動きを活発化させることなどです。

　これらの経済政策を実のあるものとするために、税制が活用されます。

　令和2年度の税制改正はまさに上記の経済政策を後押しさせるためのものです。

　景気回復及び拡大は企業のイノベーションによるものであるとの認識のもと、ベンチャー企業に対する出資による投資金額の損金算入を認めることとしました。

　そのイノベーションは自社開発に限るものではありません。

むしろ、自社以外のベンチャーイノベーションに目を向けることを求めています。

　家計に対しては現行のNISAに代えて新NISAを設計し、投資を呼び込みやすくしました。

　さらには少子高齢化に対応するため、社会保障制度の見直しに向け、基幹税としての個人所得税の復権、つまりは増税ですが数年度にわたり着々と布石が打たれています。

　本書においては、改正部分だけではなくもともとの税制の内容もできる限り記載して理解が深まるようにしています。

　又、過年度の改正項目で令和2年度以降の適用になる項目も明らかにして実務の補助になるよう工夫しておりますので、皆様の日常の経理業務のお役に立つことができれば幸いと存じます。

《コロナ対策》

　令和2年5月現在、新型コロナが猛威を振るい、緊急事態宣言による外出自粛、休業要請で日本経済は重大な危機に直面しています。この危機を打開するため、政府は雇用の維持に30.8兆円、強靱な経済構造の構築に10.2兆円、その他7.3兆円、総額48.4兆円規模の財政支出を行います。事業規模では総額で117.1兆円規模となります。

　このコロナ危機により令和2年度の税制改正も大きな影響を受けることとなりますが、税制改正の基本的な考え方が大きく変わるものではありません。

　企業の設備投資、賃上げによる経済成長の実現、全世代型の社会保障制度の実現のための財源をどこに求めていくのか、税制改正の内容は単年度で見るのではなく継続的に見ていくことこそが重要です。

辻・本郷 税理士法人　ダイレクトアシスト

税理士　八重樫 巧

目次

1. 税制改正とは何か

税制改正と政治の関係

消費税の増税と日本の経済業況

増税後の景気下支え

税制改正大綱の基本的な考え方

税制と財政の両輪

令和2年度税制改正の特徴

貯蓄から投資へ総額は増加している

新型コロナ対策税制

平成29年度の改正で平成31年（令和元年）から適用になる主な項目

平成30年度の改正で平成31年（令和元年）から適用になる主な項目

平成30年度の改正で令和2年から適用になる主な項目

平成31年度の改正で令和2年から適用になる主な項目

消費税に関する改正　令和元年10月1日以降適用

民法・相続税に関する改正　令和2年以降適用

▶税制改正と政治の関係

税制改正は、政府が策定する内政、外交に関する様々な政策のうち、日本経済を成長に導く経済政策を実のあるものとするための方策として位置付けられています。

政府は平成13年から毎年6月に「経済財政運営と改革の基本方針」いわゆる「骨太の方針」を定めています。この「骨太の方針」では、税制、財政や経済政策の基本運営方針が定められています。

これまでに平成13年に郵政民営化、平成26年に法人実効税率の引下げ、平成29年に働き方改革、平成30年に外国人労働者の受入れ拡大などの政策が盛り込まれました。

自民党から毎年12月末に示される税制改正大綱の骨格も又「骨太の方針」に示されています。平成から令和に改まった本年は次のような提言がなされました。

令和元年6月	経済財政運営と改革の基本方針2019について 「骨太の方針」 閣議決定
令和元年6月	成長戦略実行計画
令和元年9月	経済社会の構造変化を踏まえた令和時代の税制のあり方 政府税制調査会
令和元年12月	安心と成長の未来を拓く総合経済対策

▶消費税の増税と日本の経済の業況

令和元年の10月に消費税が8%から10%に引上げられました。

その結果、消費税は2兆6,570億円増加し、令和2年度予算案の税収は21兆7,190億円となります。消費税率2%引上げにより、最大の税収税目となりました。次は所得税で19兆5,290億円、法人税は12兆659億円、相続税2兆3,410億円の順です。

令和元年12月の日銀短観によれば、消費増税の影響が懸念された非製造業の業況判断指数は1ポイントの悪化にとどまり内需は堅調に推移しているとのことです。

小売は7ポイントの悪化で前回増税時の23ポイントに比べて小幅にとどまっています。

軽減税率の導入やポイント制度が功を奏したと見られています。

▶増税後の景気下支え

　増税は、増税した額に相当する金額の購買力の低下をもたらしますので、当然景気の悪化要因となります。そこで政府は増税による景気の減速を防止する措置を取りました。

　買い物をしたときにカード等でキャッシュレス決済を行うと買い物した金額の一定金額をポイントとして消費者に還元する制度を実施しています。

　キャッシュレス決済時のポイント還元制度について予算規模を拡大し、令和2年6月までに7,000億円規模とすることとしました。

　登録加盟店は130万店まで増えると見込んでいます。

　ポイント還元制度は一方で、キャッシュレス決済を定着させる狙いもあります。

　さらに政府はキャッシュレス決済ポイント還元制度終了後、マイナンバーカードの持ち主を対象に令和2年9月からマイナポイント制度を始めることとしその予算額として2,478億円を計上しています。

　このマイナポイント制度は令和3年3月まで7カ月間実施する予定です。

▶税制改正大綱の基本的な考え方

　甘利税調会長は、「投資環境を整備しているにもかかわらず、企業の内部留保の活用が進んでいない。460兆円を超える内部留保を設備投資に向けてもらうための税制改正にする。アベノミクスの後押しをする。経済成長に効果的な税制のあり方を探る方向に舵を切った」と、令和2年度の税制改正の基本的な考え方を述べています。

　革新的な技術やサービスの開発を促す減税措置の新設を今年の目玉とするということです。

「税で政策を引っ張っていく、税制は政策を誘導する役割を持つべきである」

　という考え方を押し出しました。

　基本的に法人税の減税を実施することから、

「但し、国は多額の財政赤字を抱え財政難にあえぐ中、大企業は内部利益を設備投資等に向けることなく、潤沢に保有している状況が続いている。こういう中で、法人のネット減税をすることは許されるのか」

という判断のもと、財源として大企業の交際費の損金算入を見直し、見直し後の増税分を投資減税に充てることとしました。

1　大企業の交際費課税の優遇を廃止し減税の財源とする。接待飲食費に係る損金算入の特例の廃止…資本金100億円超の大企業が対象。経済活性化のために平成26年に創設された非課税措置を廃止する。この財源をオープンイノベーション減税に当てる。

2　研究開発減税の要件を厳格にする。設備投資に消極的な企業に対する減税措置を縮小する。設備投資額が減価償却費の３割以下である場合、優遇措置を適用しない。

　さらに、「人生100年を見通すと、いま経済成長の基盤構築をしなければ日本の将来はない、そのため、デジタル化やグローバル化といった経済社会の構造変化を踏まえた税制の見直しをしなければならない」と主張します。

　そのために、

①企業や個人の行動を変化させる税制の構築

②国際課税の新ルールも議論の対象とする

を実務上の基本的な考え方として位置付け、投資を促し経済を成長させるため、国民レベルで貯蓄から投資への流れを加速させる。

　そのためにNISAを見直しの柱の一つとして取上げ、長期的な視点から少額の分散投資を促すこととしました。

　法人に対しては、内部留保をデータ経済に対応した成長投資に振り向ける税制改正を行います。

　新たな技術革新のためのオープンイノベーションの促進、又、技術の自社開発にこだわらず、新技術を有するベンチャー企業の株式を取得するなど、M&Aに対する税制の手当てをしています。

　さらに、中国が先行している次世代通信規格５Ｇ投資への税制支援について安全保障の観点を重視しつつ、基盤整備を加速させる税制を構築します。

▶税制と財政の両輪

　これら税制を通じた施策とは別に、令和元年10月の消費増税による国内景気の悪化リスクを避けるため「令和元年12月 安心と成長の未来を拓く総合経済対策」を策定し、事業規模が26兆円の経済対策を決定しました。

　①災害からの復旧・復興、②海外経済の下振れリスクへの重点支援、③東京オリンピック・パラリンピック後の経済活力の維持・向上を3本の柱としています。

　そのために、財政措置として、国の支出が7.6兆円、財政投融資で3.8兆円、地方の支出として1.8兆円の13.2兆円、財政措置に加え民間企業の資金活用などの対策を実施することから事業規模は合計で26兆円となります。

▶令和2年度税制改正の特徴

　令和2年度税制改正は消費増税が一段落したことから大型案件が少ない裏年といわれていますが、必ずしもそうではありません。具体的な大型案件はなかったかもしれませんが、令和2年度税制改正の特徴的な考え方は、「税制も単年度主義や一過性であってはならず、経済の成長に資する継続性のある税制でなければならない」ということです。さらには、「今後数十年先を見通した改正の基本的な方向性や考え方を知る絶好の機会としなければならない」と考えられています。

　又、今までの税制改正はどちらかといえば財政再建に重きを置いていたことに対し、令和2年度税制改正は経済成長に向けた税制を志向しており、この点において、基本的な発想が全く異なっています。

　それは企業の活力をどのように引き出すか、どのように経済成長につなげていくか、そのために、企業の内部留保や個人の貯蓄をどのようにして投資につなげていくかという点に改正の重点を置いたことに如実に表れています。

　したがって、NISAの見直しは一般的に考えられている以上に重要性を持っているといえるのではないでしょうか。

　又、オープンイノベーションと5Gに対する投資減税措置も今後の日本経済の行く末を左右するほど大きな意味を持っていると考えられます。

▶貯蓄から投資へ総額は増加している

令和元年10月から12月の資金循環統計

株式投資は13.5%増の211兆円、投資信託は10.9%増の74兆円

　個人の現金預金は前年比2.3%増の1,008兆円で、現金は2.6%増の96兆円、預金は2.2%増の911兆円となっています。

　個人の金融資産の残高は1,903兆円で3.3%増。現預金の占める割合は52.9%です。

令和元年7～9月の資金循環統計

　現金92兆円、預金893兆円で全資産1,864兆円のうち52.9%を占める。

平成30年は全資産1,875兆円、現金89兆円、預金969兆円で56.4%

　さらに令和元年10月1日の新聞報道によれば、令和2年夏にまとめる「骨太の方針」には団塊の世代が75歳以上になる令和4年以降を見据えて給付と負担のあり方を含めた社会保障の総合的・重点的に取り組むべき政策が盛り込まれることとなりました。

　高齢者が70歳まで働ける制度整備に着目し、又、社会保障を供給する側の改革が議論されます。

　令和2年夏の「骨太の方針」の全世代型社会保障検討会議で給付と負担のあり方を総合的・重点的に取り組み、団塊の世代が75歳以上になり、医療介護の財政負担が膨らむ令和4年以降を見据えた政策が練られます。

　これまでのように高齢者に重きを置いた社会保障ではなく、子育て世代にもウェイトを置いて、全世代型社会保障制度に転換していくという考え方です。

　高齢者や女性の就労拡大で働き手を増やし、「支える側」と「支えられる側」のバランスを回復する「全世代型社会保障」を目指しています。

　令和3年度の税制改正の骨格が示されると考えられます。

▶新型コロナ対策税制

　令和2年の年初から新型コロナウイルスによる感染者が多く見受けられるようにな

りました。3月に至り感染者が急速に増加し、イベントやコンサートなどの中止が相次ぎ、政府や自治体からも不要不急の外出の自粛要請、さらに夜間の繁華街での飲食等の自粛要請なども出されるようになるなど、実体経済に対する悪影響が拡大してきました。

　株価も下落し、売上げが半額以下になる企業が相次ぎました。

　自民党税制調査会は悪化する経済情勢に鑑み、新型コロナウイルスの感染拡大に対応する税制優遇措置を改めて定めました。

納税の猶予制度の特例

　令和2年2月1日から令和3年1月31日に納期限が到来する国税（注）については、
①新型コロナウイルス感染症の影響により、

　令和2年2月以降の任意の期間（1カ月以上）において、事業等の収入が前年同期と比較して、概ね20％以上減少しており、

②国税を一時に納付することができない場合、

　所轄の税務署に申請すれば、納期限から1年間、納税の猶予（特例猶予）が認められます（新型コロナ税特法第3条）。

　特例猶予が認められると、猶予期間中の延滞税は全額免除されます。又、申請に当たり、担保の提供は不要です。

（注）関係法令の施行から2カ月間に限り、既に納期限が過ぎている未納の国税についても、遡って特例を適用することができます。

欠損金繰戻し還付請求

　資本金の額が1億円超10億円以下の法人について青色欠損金の繰戻し還付を受けることが可能となります。

　令和2年2月1日から令和4年1月31日までの間に終了する事業年度に生じた欠損金額について適用されます。

　ただし、大規模法人（資本金の額が10億円を超える法人など）の100％子会社及び100％グループ内の複数の大規模法人に発行済株式の全部を保有されている法人等は除かれます。

テレワーク減税－中小企業経営強化税制

　今まで、生産性向上設備（A類型）、収益力強化設備（B類型）が対象になっておりましたが、新たにデジタル化設備（C類型）が対象に加わりました。

　デジタル化設備とは、下記のいずれかに該当する投資計画を達成するために必要不可欠な設備です。

１）デジタル技術を用いて、遠隔操作をすること

２）以下のいずれかを目的とすること

　A）事業を非対面で行うことができるようにすること

　B）事業に従事する者が、通常行っている業務を、通常出勤している場所以外の場所で行うことができるようにすること

消費税の課税選択の変更に係る特例について

　新型コロナウイルス感染症等の影響により、令和２年２月１日から令和３年１月31日までの間のうち任意の１カ月以上の期間の事業としての収入が、著しく減少（前年同期比概ね50％以上）している事業者（特例対象事業者）は、税務署長の承認を受けることで、特定課税期間以後の課税期間について、課税期間の開始後であっても、課税事業者を選択する（又はやめる）ことができます。

※「特定課税期間」とは、新型コロナウイルス感染症等の影響により事業としての収入の著しい減少があった期間内の日を含む課税期間をいいます。

※特例の承認を受けようとする場合、原則として、特定課税期間の確定申告期限までに、承認申請書を税務署に提出してください。

※課税事業者の選択をやめる場合であっても、納税義務が免除される事業者は、その課税期間の基準期間における課税売上高が1,000万円以下の事業者等です。

住宅ローン減税

　令和２年末までの入居が減税を受けるための条件のところを、注文住宅を新築する場合は令和２年９月末、増改築や中古住宅の取得の場合は令和２年11月までに契約した人は令和３年末の入居まで認めることとなりました。

自動車購入時の「環境性能割」の1％軽減措置の延長

令和2年9月末までの購入が令和3年3月末までに延長されます。

イベントチケット代寄付

チケット代の払い戻しを受けなかったときはその金額を主催者に寄付したものとみなし所得税などから差し引きます。

固定資産税の減免：大幅な赤字企業に対する措置

建物などに課税される令和3年度の固定資産税を半額かゼロにします。

固定資産税・都市計画税の軽減、免除

厳しい経営環境にある中小事業者等に対して、令和3年度課税の1年分に限り、償却資産及び事業用家屋に係る、固定資産税および都市計画税の課税標準を半分又はゼロとする制度です。

［対象企業と期間］

対象企業と期間は下記のとおりです。

対象企業	令和2年2月〜10月までの任意の3カ月において、売上高が前年の同期間に比べて、 ・当該売上高が30％以上50％未満減少している場合→1/2減税 ・当該売上高が50％以上減少している場合→全額減税（納付ゼロ） 令和3年1月31日までに認定経営革新等支援機関等の認定を受けて各市町村に申告したものに適用する
対象資産	償却資産・事業用資産
対象期間	令和3年度課税の1年分

［申請方法］

令和2年4月30日現在、書面又はeLTAXにて申請できるよう、準備が進んでおります。今後、関係省庁、地方自治体のホームページなどでリリースがあるでしょう。

生産性革命の実現に向けた固定資産税の拡充・延長

　又、新型コロナウイルス感染症の影響を受けながらも新規に設備投資を行う中小事業者等を支援する観点から、適用対象に一定の事業用家屋および構築物を加えることになりました。なお、生産性向上特別措置法の改正を前提に、適用期限が2年延長されています。

▶平成29年度の改正で平成31年（令和元年）から　適用になる主な項目

1　中小企業向け租税特別措置の範囲

平成31年4月1日以後開始事業年度から適用されます。

【内容】

　　資本金の額又は出資金の額が1億円以下の法人のうち、前3事業年度の所得金額の平均が15億円を超える事業年度については中小企業向けの各種租税特別措置の適用が停止されます。

2　配偶者控除の見直し

所得税は平成30年分以後から、住民税は平成31年度以後分から適用されます。

【内容】

　　控除対象配偶者又は老人控除対象配偶者を有する居住者は、その居住者本人の合計所得金額が900万円を超えると配偶者控除の金額が段階的に減少します。

▶平成30年度の改正で平成31年（令和元年）から　適用になる主な項目

1　恒久的施設PEの見直し　法人税は平成31年1月1日以後開始事業年度
　　　　　　　　　　　　　　所得税は平成31年分以後に適用されます。

【内容】

　　外国企業が日本国内で事業を行う一定の場所をPEと認定されないように人為的な回避をすることを防止する措置を講じました。

支店PE…いかなる活動も、準備的・補完的活動でない場合にはPE認定。

建設PE…契約期間を分割した場合、その期間の合計で判定します。

代理人PE…販売契約の日本の受託者はPEに認定されなかったが、企業の物品販売に関する契約によって代理人PEが認定されるようになります。

▶平成30年度の改正で令和2年から適用になる主な項目

1 給与所得控除の見直し

所得税については令和2年1月1日以後、住民税は令和3年1月1日以後適用されます。

基本的考え方として、少子高齢化で膨らむ財政支出を支えるのは消費税だけでは無理、所得税の所得再分配機能を強化する方向で改正が行われています。

終身雇用を前提に設計された税体系や社会保障制度は会社員に手厚い制度です。

働き方の多様化を含む経済社会の構造変化に対応する必要があり、新しい働き方で職業によって異なる処遇の格差を解消することが目的です。

【内容】

給与所得控除額が一律10万円引下げられます。

控除額が頭打ちとなる年収は850万円で、上限額が195万円となります。

年収が850万円を超えると控除額が段階的に減少し、税負担が増えます。

ただし、23歳未満の扶養親族が同一生計内にいる者や特別障碍者控除の対象となる扶養親族が同一生計内にいる者については、調整控除額を用いることにより負担の増減が無いよう措置が講じられています。

2 公的年金控除の見直し

所得税については令和2年1月1日以後、住民税は令和3年1月1日以後適用

【内容】

控除額が一律10万円引下げられます。

控除額が頭打ちとなる収入は1,000万円で、上限額が195.5万円となります。

3 基礎控除・配偶者控除・扶養控除の金額の見直し

所得税については令和2年1月1日以後適用されます。

住民税は令和3年1月1日以後適用されます。

【内容】

多様な働き方を後押しするため、基礎控除額を10万円引上げ、給与所得控除額、

公的年金控除額を10万円引下げます。

　子育て、介護世代には調整所得控除額の手当てが行われます。

4　青色申告特別控除

所得税については令和2年1月1日以後適用されます。

住民税は令和3年1月1日以後適用されます。

【内容】

　電子帳簿保存法に基づいて帳簿を保存している者と確定申告をe-taxで行っている者は65万円控除、それ以外の者は55万円控除となります。

▶平成31年度の改正で令和2年から適用になる主な項目

1　過大支払利子税制の見直し

令和2年4月1日以後開始する事業年度適用されます。

利子等を用いた国際的な利益移転防止、一定の計算により算定した額を超える部分の金額を損金不算入とする制度です。

【内容】

　対象となる利子の範囲が第三者を含めた純利子等に拡張され、損金不算入の基準値は調整所得金額の20%。

　又適用除外基準の判定も変更されました。

2　移転価格税制の見直し

令和2年4月1日以後開始する事業年度適用されます。

【内容】

　無形資産の定義が明確化され、独立企業間価格算定方法としてDCF法追加。

　一定の評価困難な無形資産取引について価格調整措置が導入されました。

▶消費税に関する改正　令和元年10月1日以降適用

1　区分記載請求書等保存方式

令和元年10月1日から令和5年9月30日までの4年間は、「請求書等保存方式」を維持しつつ、軽減税率の8％と標準税率10%を明確に区分する「区分記載請求書等保

存方式」が新たな要件になっています。

【内容】

今までの請求書記載項目に《軽減税率対象品目》と《税率ごとの合計請求額》を
追加記載します。

2　適格請求書等保存方式

令和５年10月１日以降の取引は、仕入税額控除の方式として《適格請求書等保存方
式》いわゆるインボイス方式が導入されます。

事業者は事前に税務署に登録して課税事業者としての認定を受ける必要があり、こ
の事業者でなければ適格請求書を発行することができません。

令和３年から申し込み開始。

▶民法・相続税に関する改正　令和２年以降適用

1　配偶者居住権の新設

令和２年４月１日から適用されます。

【内容】

生存配偶者は、相続開始時に被相続人の建物に無償で居住していた場合、①遺
産分割によって配偶者居住権を取得するものとされたとき②配偶者居住権が遺贈
の目的とされたときに居住建物の全部について無償で使用及び収益する権利を取
得します。存続期間は終身。生存配偶者が死亡したときに配偶者居住権は消滅し
ます。

2　配偶者短期居住権の新設

令和２年４月１日から適用されます。

生存配偶者の居住権を保護する必要性が高まったため、新設されました。

【内容】

配偶者は、相続開始時に被相続人の建物に無償で居住していた場合、その居住
建物を無償で使用する権利を取得、最低６カ月間は居住が保障されます。

2. 個人所得課税

（1）NISA口座の延長・拡充等、ジュニアNISAの終了

減税

改正のポイント

〇NISA制度の更なる普及・利用により家計の安定的な資産形成等を促進する観点から、現行のNISA制度を刷新し新NISA制度に移行します。

〇つみたてNISAは5年間の期間延長により令和24年までとなります。

〇ジュニアNISAは令和5年で終了となります。

解説

〇改正後の新NISA制度では令和6年から令和10年までの5年間、投資限度額は二つの階層に区分され、公募等株式投資信託については年間20万円、上場株式等については年間102万円までとなります。

NISA改正のイメージ[財務省資料]

〇二階建ての新・NISAを創設、一階はつみたてNISA類似（非課税期間は5年間）、二階部分は一般NISA類似。

〇原則として、一階部分で積立投資を行った者が二階部分での非課税投資を行えるようにします。

　⇒より多くの国民が積立分散投資を経験することができるようにする（例外として、上場株式のみへの投資の場合は一階部分への投資なしに二階部分で投資可能）。

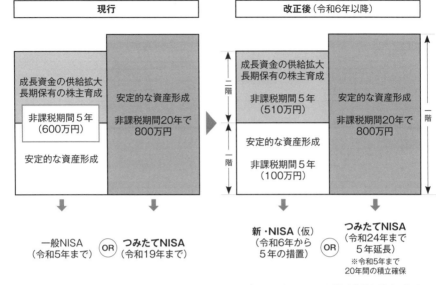

NISA制度の見直しについて

	新NISA（仮称）		つみたてNISA
		いずれかを選択	
年間の 投資上限額	二階　102万円 一階　20万円 〔原則として、一階での投資を行った者が 二階での投資を行うことができる〕		40万円
非課税期間	二階　5年間 一階　5年間 （一階部分は終了後に 「つみたてNISA」に移行可能）		20年間
口座開設 可能期間	令和6年（2024年）～ 令和10年（2028年） （5年間）		平成30年（2018年）～ 令和24年（2042年） （令和5年まで20年間の積立確保）
投資 対象商品	二階　上場株式・公募株式投資信託等 一階　つみたてNISAと同様 〔例外として、何らかの投資経験がある者 が二階で上場株式のみに投資を行う場合 には一階での投資を必要としない〕		積立・分散投資に適した 一定の公募等株式投資信託 （商品性について内閣総理大臣が 告示で定める要件を満たしたものに限る）
投資方法	二階　制限なし 一階　つみたてNISAと同様		契約に基づき、定期 かつ継続的な方法で投資

　一般NISAとつみたてNISAの選択制に変更はありません。

　一般NISA少額投資非課税制度は、個人の資産を投資に振り向けるために平成26年にスタートしました。

　年120万円を限度に最長5年間株式の配当や売却益が非課税となる制度ですが、現行制度は令和5年に終了することとなりました。

　そのため、令和6年に新制度の新NISAを開始し、令和10年まで5年間買い付け期間を延長することとなりました。

　今年度の税制改正の基本的な考え方である家計の金融資産を預貯金から投資へと誘導する施策で個人の投資を促すための税制改正です。

　大綱では成長資金の供給と家計の安定的な資産形成促進と位置付けています。

　従来の一般NISAは短期の株式売買に使われ、国民の資産形成に役立っていないという批判がありました。

　そのため、新NISAは投資信託など低リスク商品への投資を促す仕組みに変更され、一階部分が低リスク投資信託で年間20万円の積立枠があり、安定的な資産形成に資する一方、一階部分の利用を前提とし、二階部分は成長資金供給枠として上場株式投資で102万円投資をすることができます。

　5年間計610万円を非課税で運用できる制度となりました。

　又、同時に、一般NISAが期限を迎えて保有株が売却されて株価急落を招くという懸念が払しょくされました。

　一般NISA投資を始めるには、証券会社等と特定非課税累積投資契約を締結する必要があります。一階部分として特定累積投資勘定、二階部分として特定非課税管理勘定を設定します。

▶特定非課税累積投資契約とは

①投資信託や上場株式の配当や譲渡所得の非課税の適用を受けるために、

②居住者が金融商品取引業者等と締結した、

③公募等株式投資信託の受益権の定期かつ継続的な方法による買い付け等に関する契約です。

次に掲げる事項が定められていること
- 公募等株式投資信託の受益権の管理は他の取引と区別するために特定累積投資勘定で行うこと。
- 取得する公募等株式投資信託の受益権の取得対価の額は年間20万円を超えないこと。
- 上場株式等の管理は、他の取引と区別するために特定非課税管理勘定を設定して行うものとし、特定累積投資勘定の設定と同時に設定されるものとする。
- 上場株式等の取得価額は年間102万円を超えないこと。
- これら上場株式等は、6カ月以内に公募等株式投資信託の受益権をその年分の特定累積投資勘定に受入れている場合に限り、受入れをすることができる。
- 令和6年1月1日以前に非課税口座を開設していたか同日前に上場株式等の取引を行った者のうち、特定累積投資勘定に公募等株式投資信託を受入れないことを届け出た者は、上場株式を特定非課税管理勘定に受入れることができる。
- その他、勘定設定期間に関する取り決め等が定められています。

▶特定累積投資勘定　一階部分

　勘定を設定した日の属する年の1月1日以後5年間に支払いを受ける公募等株式投資信託の配当については所得税及び個人住民税を課さないこととされました。

　公募等株式投資信託の受益権を譲渡した場合の譲渡所得等について所得税及び個人住民税を課さないこととされました。

▶特定非課税管理勘定　二階部分

　勘定を設定した日の属する年の1月1日以後5年間に支払いを受ける上場株式の配当等については所得税及び個人住民税を課さないこととされました。

　同様に、上場株式等を譲渡した場合の譲渡所得等について所得税及び個人住民税を課さないこととされました。

▶ジュニアNISA

　令和5年末の投資可能期間終了後は延長せずに終了となります。

　令和6年1月1日以後は課税未成年者口座及び未成年者口座内の上場株式等及び現

金については源泉徴収を行わずに払出すことができます。

　口座数が32万口座で利用者が少ないことが廃止の理由といわれています。

▶つみたてNISA

　長期間の資産運用に向いているつみたてNISAは投資期限が令和19年までとなっていましたが令和24年まで5年間延長することとされました。

　令和5年まで預け入れることができ、令和24年まで年40万円の積み立てをすると、20年間800万円までの積立投資に対して配当や売却益が非課税となります。

(2) エンジェル税制の見直し①

○クラウドファンディングを通じたエンジェル投資の利便性を向上するなど、エンジェル税制を見直し、次世代のイノベーションの担い手たるベンチャー企業への資金の流れを強化します。

○スタートアップ企業に投資した個人が税の優遇を受けられる都道府県への申請手続きを簡素化します。平成29年で投資総額が45億円にとどまっており、既に2兆円を越えている米国に遠く及びません。

　これも個人の預貯金を投資に回しやすい環境を整備するための方策です。

解説

○現行制度の概要

　創業促進による経済活性化の観点から、新しい事業に取り組む創業間もない企業に株式投資をする個人投資家に対して税制優遇措置を講じ、起業家への資金の流れをつくることを目的とした制度がエンジェル税制です。

　一定の要件を満たす創業して間もない企業に株式投資を行った投資金額が、課税対象となる所得金額から控除される、株式譲渡益から控除されるなど、税制優遇の対象となります。又、当該企業の株式を売却し、損失が発生した場合の優遇措置もあります。

（1）投資した年に受けられる所得税の優遇措置（以下のⒶとⒷの選択適用）

○優遇措置A：設立3年未満の新しい事業を実施する企業に投資した金額が、総所得金額から控除（ただし、上限1,000万円と総所得金額×40%のいずれか低い金額が上限）できます。

○優遇措置B：設立10年未満の新しい事業を実施する企業に投資した金額全額が、その年の株式譲渡益から控除できます。

優遇措置Ⓐ （設立3年未満の企業が対象）	優遇措置Ⓑ （設立10年未満の企業が対象）
（対象企業への投資額－2,000円）を、 その年の総所得から控除 ※控除対象となる投資額の上限は、 **総所得金額×40％と1,000万円の** **いずれか低い方**	対象企業への投資額全額を、 その年の他の株式譲渡益から控除 ※控除対象となる投資額の上限なし

（2）株式を売却し損失が発生した場合に受けられる所得税の優遇措置

　　対象会社株式の売却により生じた損失を、その年のその他の株式譲渡益と通算（相殺）できるだけでなく、その年に通算（相殺）しきれなかった損失は、翌年以降3年にわたって、順次株式譲渡益と通算（相殺）ができます。

　　※対象企業へ投資した年にⒶ又はⒷの優遇措置を受けた場合には、その控除対象金額を株式の取得価額から差し引いて売却損失を計算します。

(2) エンジェル税制の見直し②

増税　減税

減税対象となる企業の要件

[改正]
優遇措置Ⓐを受けるためのベンチャー企業要件の拡大

設立経過年数	要件
1年未満かつ最初の事業年度を未経過	研究者あるいは新事業活動従事者が2人以上かつ常勤の役員・従業員の10%以上
1年未満かつ最初の事業年度を経過	研究者あるいは新事業活動従事者が2人以上かつ常勤の役員・従業員の10%以上で、直前期までの営業キャッシュ・フローが赤字
1年以上2年未満	試験研究費等が収入金額の3%(→**5%に引上げ**)超で直前期までの営業キャッシュ・フローが赤字。又は新事業活動従事者が2人以上かつ常勤の役員・従業員の10%以上で、直前期までの営業キャッシュ・フローが赤字
2年以上3年未満	試験研究費等が収入金額の3%(→**5%に引上げ**)超で直前期までの営業キャッシュ・フローが赤字。又は売上高成長率が25%超で直前期までの営業キャッシュ・フローが赤字
3年以上5年未満	**試験研究費等が収入金額の5%超で直前期までの営業キャッシュ・フローが赤字。払込みにより当該会社の株式の取得をする者との投資契約を締結する会社であること**
5年未満	**認定ファンド又は認定クラウドファンディング事業者を通じて投資されること、設立後1年以上の中小企業者に該当する株式会社にあっては直前期までの営業キャッシュ・フローが赤字**

※下線部分が改正内容

　優遇措置Ⓐは、設立3年未満の企業への投資が減税の対象でしたが、上記表のとおり3年以上5年未満の企業及び5年未満の企業にまで拡大されました。

優遇措置Ⓑ（設立10年未満の企業が対象）を受けるためのベンチャー企業要件の拡大

設立経過年数	要件
1年未満	研究者あるいは新事業活動従事者が2人以上かつ常勤の役員・従業員の10%以上
1年以上2年未満	試験研究費等が収入金額の3%超。又は新事業活動従事者が2人以上かつ常勤の役員・従業員の10%以上
2年以上5年未満	試験研究費等が収入金額の3%超。又は売上高成長率が25%超
5年以上10年未満	試験研究費等が収入金額の5%超
10年未満	**認定クラウドファンディング事業者を通じて投資されること**

※下線部分が改正内容

　優遇措置Ⓑの10年未満の企業に対し上記表のとおりの要件が追加されました。

個人投資家要件

　金銭の払込みにより、対象となる企業の株式を取得していること。

　投資先ベンチャー企業が同族会社である場合には、持株割合が大きいものから第3位までの株主グループの持株割合を順に加算し、その割合が初めて50%超になるときにおける株主グループに属していないこと。

事前確認制度の概要

　資金調達前に、ベンチャー企業がエンジェル税制の対象か否かについて確認を受けることができる制度です。これにより、当該ベンチャー企業が個人投資家に対して、エンジェル税制適用企業であることを説明できます。

　事前確認が行われた場合には、中小企業庁のホームページにて、会社名等を公表します。

手続きの流れとしては、

①投資を受けた企業が、都道府県の窓口で税制適格の確認書の交付を受け、個人投資家に提出（事前確認制度あり）、

②個人投資家が、確定申告の際にその確認書を添付して申告することで税金の還付を受ける、という仕組みです。

③一定の要件を満たすベンチャー企業は申請時に定款等の書類の添付を要しなくてよいことになりました。

適用時期

　原則令和2年4月1日以後の払込みにより取得する株式について適用となります。

　令和3年1月1日より控除対象限度額が800万円に引下げとなります。

（3）特定口座の拡充

改正のポイント

○特定口座に受入れ可能な上場株式等の範囲が拡充されます。

○利便性向上を図る観点より、特定口座に関する手続きの電子化が可能となります。

解説

　特定口座内保管上場株式等の譲渡等に係る所得計算等の特例等について、次のような措置が講じられます。

【改正点①】

概要	特定口座に受入れることができる**上場株式等の範囲が拡充**されます。
拡充される 上場株式等	①居住者等が有する取得請求権付株式、取得条項付株式又は全部取得条項付種類株式であって上場株式等以外の株式に該当するものの請求権の行使、取得事由の発生又は取得決議により取得する上場株式等 ②居住者等が発行法人等に対して役務の提供をした場合に取得する上場株式等で、その上場株式等と引換えにする払込み又は給付を要しない場合のその上場株式等 ③非課税口座簡易開設届出書の提出により設定された口座で、その設定のときから非課税口座に該当しないこととされたものにおいて管理されている上場株式等で、その該当しないこととされた日にその金融商品取引業者等に開設されている特定口座に一定の方法により移管されるもの

【改正点②】

概要	特定口座に関する手続きについて、**書面の提出に代えて、電磁的方法による電磁的記録を提供すること**が可能となります。
電子化が可能となる手続書類	特定口座源泉徴収選択届出書、源泉徴収選択口座内配当等受入開始（終了）届出書、特定管理口座開設届出書、相続上場株式等移管依頼書、非課税口座内上場株式等移管依頼書、未成年者口座内上場株式等移管依頼書、特定口座異動届出書、特定口座継続適用届出書、特定口座廃止届出書、特定口座開設届出書

（4）暗号資産デリバティブ取引に係る課税関係の明文化

改正のポイント

○暗号資産（仮想通貨）デリバティブ取引に係る課税関係について、総合課税となることが明文化されます。

解説

○暗号資産デリバティブ取引に係る雑所得等について、「先物取引に係る雑所得等の課税の特例」及び「先物取引の差金等決済に係る損失の繰越控除」の**適用対象から除外され、総合課税となる**ことが明文化されます。

○暗号資産デリバティブ取引について、支払調書制度等の対象となります（令和2年12月31日までは猶予期間とされます）。

	先物取引に係る雑所得等の課税の特例（申告分離課税）	先物取引の差金等決済に係る損失の繰越控除（3年間の損失の繰り越し）	課税関係
暗号資産デリバティブ取引に係る雑所得等	適用なし	適用なし	**総合課税**

　「先物取引に係る雑所得等の課税の特例」とは、他の所得と区分して所得税15％地方税5％の税率による申告分離課税のことをいいます（令和19年までは復興税2.1％付加）。

　先物取引の差金等決済に係る損失の繰越控除とは、「先物取引に係る雑所得等の金額」の計算上生じた損失がある場合に、その損失の金額を翌年以後3年間にわたり繰り越し、その繰り越された年分の「先物取引に係る雑所得等の金額」を限度として、一定の方法により、「先物取引に係る雑所得等の金額」の計算上その損失の金額を差し

引くことです。

(5) 暗号資産取引に係るマイナンバー告知制度の改正

改正のポイント

○暗号資産（仮想通貨）デリバティブ取引を行う者のマイナンバー告知義務について、
　一定期間猶予されます。

解説

○資金決済法等改正法の施行の日から令和2年12月31日までの間に行われる暗号資
　産デリバティブ取引の差金等決済については、**マイナンバーの告知を要しないこと**
　となります。

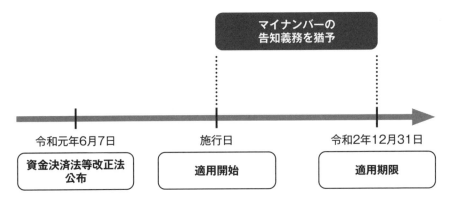

マイナンバーの
告知義務を猶予

令和元年6月7日　　　　　　施行日　　　　　　令和2年12月31日

| 資金決済法等改正法
公布 | 適用開始 | 適用期限 |

適用時期

　令和2年5月1日より適用となります。

（6）低未利用土地等を譲渡した場合の 長期譲渡所得の特別控除の創設
（減税）

〇低未利用地の利活用の促進及び将来的な増加の抑制を図るため、一定の低未利用地について、長期譲渡所得の特別控除が創設されます（国税・地方税）。

解説

〇適用要件

対象となる者	個人
対象となる土地	都市計画区域内にある低未利用土地又はその上に存する権利であることについての市区町村の長の確認がなされたもの（確定申告書に確認書類を添付のこと）
対象となる譲渡の範囲	・譲渡年1月1日において所有期間が5年を超えるものの譲渡 ・売主の配偶者その他のその売主と一定の特別の関係がある者に対するものを除く ・譲渡対価が500万円を超えるものを除く （対象となる土地の上にある建物を含めた譲渡対価により判定）
特別控除額	低未利用土地等の長期譲渡所得金額から100万円を控除する（100万円に満たない場合は長期譲渡所得金額が上限）

〇計算式

収入金額−（取得費＋譲渡費用）＝長期譲渡所得の金額

長期譲渡所得の金額−**特別控除100万円**＝課税長期譲渡所得金額

　適用を受けようとする低未利用土地等について、その年の前年又は前々年において
この規定の適用を受けている場合には、その低未利用土地等については適用できませ
ん。

低未利用地：居住の用、事業の用その他の用途に供されておらず、又はその利用の程
　　　　　　度が周辺の地域における同一の用途もしくはこれに類する用途に供され
　　　　　　ている土地の利用の程度に比し著しく劣っていると認められる土地。

　土地基本法等の一部を改正する法律（仮称）の施行の日又は令和2年7月1日のいず
れか遅い日から令和4年12月31日までの間に譲渡したものについて適用されます。

（7）民法改正に伴う配偶者居住権等の取扱い

改正のポイント

○平成30年民法（相続法）改正に伴い、配偶者居住権等に関する税制上の措置が新設
　されます。

解説

＜配偶者居住権＞

　被相続人の配偶者は、被相続人の財産に属した建物に相続開始のときに居住してい
た場合において、次の①又は②のいずれかに該当するときは、その居住していた建物
の全部について無償で使用及び収益する権利（以下、「配偶者居住権」という）を取得す
るものとする。ただし、被相続人が相続開始のときに居住建物を配偶者以外の者と共
有していた場合にあっては、この限りではないものとする。

①遺産の分割によって配偶者居住権を取得するものとされたとき。

②配偶者居住権が遺贈の目的とされたとき。

制度導入後　　配偶者は自宅での居住を継続しながらその他の財産も取得できるようになる。

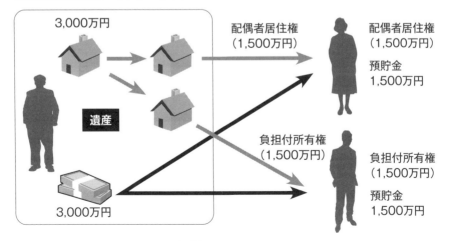

＜自宅の所有権等＞

①配偶者居住権

②配偶者居住権が設定された建物の所有権

③配偶者敷地利用権

④居住建物の敷地の所有権等

適用時期

令和2年4月1日より適用となります。

▶配偶者居住権とは

　配偶者が相続開始時に居住していた被相続人の所有建物を対象として、終身又は一定期間、配偶者にその使用又は収益を認めることを内容とする法定の権利が新設されました。

　遺産分割における選択肢の一つとして、配偶者に配偶者居住権を取得させることができるようになるとともに、被相続人が遺贈等によって配偶者に配偶者居住権を取得させることができるようになりました。

　子が相続した居宅には配偶者居住権と建物所有権という二つの権利が併存することとなります。又、居宅の敷地は配偶者敷地利用権と敷地所有権の二つの権利が併存します。

　相続・遺贈によって配偶者が取得した配偶者居住権は財産権となることから、その権利を譲渡するときに譲渡所得課税という問題が新たに発生することとなりました。

　対価を支払えば親を居住している家から、立退かせることが法的に認められることとなり、しかもその対価に譲渡所得税が課されます。

　親が子から対価をもらわないで、自ら立退いた場合は、子に贈与税が課されます。

　「うばすて」が合法化され、しかも新たな税源となったのです。

　ただし、配偶者が死亡した場合は配偶者居住権が消滅しますので、譲渡所得は発生せず、課税もありません。

(8) 配偶者居住権等の譲渡所得の計算①

〇配偶者に対価を支払い、配偶者居住権又は配偶者敷地利用権を消滅させた場合、その消滅等の対価として支払いを受ける金額については譲渡所得税が生じること及びその譲渡所得の金額の計算方法が明示されます。

解説

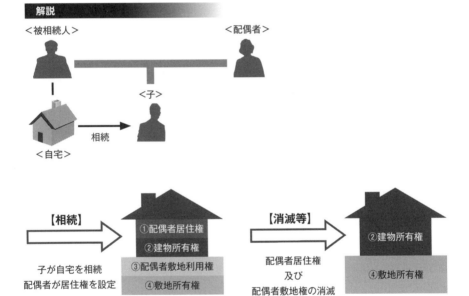

【配偶者居住権の消滅等に対して対価を支払った場合の譲渡所得】

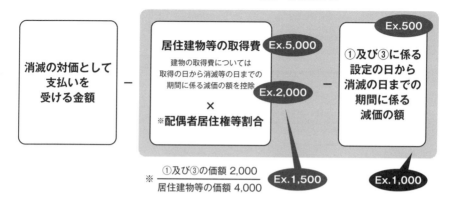

▶配偶者居住権又は配偶者敷地利用権の消滅

配偶者敷地利用権とは配偶者居住権及び配偶者居住権の目的となっている建物の敷地の用に供されている土地等を配偶者居住権に基づいて使用する権利のことをいいます。

被相続人の子が被相続人の配偶者に対価を支払い、配偶者居住権又は配偶者敷地利用権を消滅させた場合、つまり親にお金を支払ってその家から出ていってもらった場合、その親は配偶者居住権等を子に譲渡したこととなり譲渡所得が発生します。その譲渡所得の金額の計算上控除する取得費について、次のような計算方法が示されました。

取得費＝（その居住建物等の取得費に配偶者居住権割合を乗じた金額）
－（配偶者居住権の設定の日から消滅までの間の減価の額）

建物の取得費についてはその取得の日からその消滅の日までの減価の額を控除します。配偶者居住権割合は次の算式によって算出されます。

配偶者居住権割合＝（配偶者居住権価額＋配偶者敷地利用権価額）÷居住建物の価額

配偶者居住権又は配偶者敷地利用権を消滅させても親がその対価を子からもらわないときは親から子にその対価を贈与したものとして子に贈与税が課税されることになります。

（8）配偶者居住権等の譲渡所得の計算②

○相続により居住建物等を取得した相続人が、配偶者居住権及び配偶者敷地利用権が
　消滅する前に居住建物等を譲渡した場合の譲渡所得の金額の計算方法が明示されま
　す。

解説

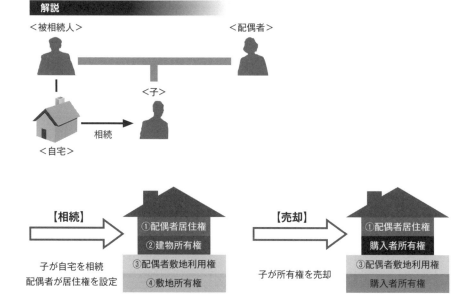

【相続人が配偶者居住権が消滅する前に対象の居住建物等を譲渡した場合の譲渡所得】

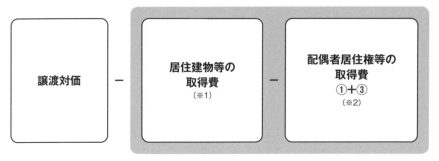

※1　建物の取得費についてはその取得の日から譲渡の日までの期間に係る減価の額を控除

※2　配偶者居住権の設定の日から譲渡の日までの期間に係る減価の額を控除

その他の改正点

○居住建物等が収用された場合において、配偶者居住権又は配偶者敷地利用権が消滅し一定の補償金を取得。

　→収用に伴い代替資産を取得した場合の課税の特例の適用ができるものとする。

○換地処分等に伴い資産を取得した場合の課税の特例の適用対象に、第一種市街地再開発事業等が施行され居住建物等に係る権利変換により、施設構築物の一部等に配偶者居住権が与えられた場合を加えることとする。

▶配偶者居住権等が付随している居住建物を譲渡した場合

　相続により居住建物を取得した相続人が配偶者居住権及び配偶者敷地利用権が付随しているままその居住建物を譲渡した場合の譲渡所得の金額の計算上、控除する取得費は次のように計算します。

取得費＝居住建物の取得費－配偶者居住権又は配偶者敷地利用権の取得費

　　※建物の取得費はその取得の日から譲渡の日までの期間に生じた減価の額を控除して算出します。

※配偶者居住権又は配偶者敷地利用権の取得費はその配偶者居住権の設定の日から譲渡の日までの間に生じた減価の額を控除して算出します。

　居住用建物等が他人に譲渡された場合、配偶者はその居住建物から出ていく必要があるかどうかについては、配偶者居住権は登記することができることから、他人に譲渡された場合であってもその他人である第三者に居住権を対抗することができます。
　したがって、その居住用建物をめったに譲渡することはできませんが、もし第三者との間でその建物の譲渡契約が締結された場合、配偶者が譲受人から立退きをせまられることになりそうです。

民法
第千三十一条　　居住建物の所有者は、配偶者（配偶者居住権を取得した配偶者に限る。以下この節において同じ。）に対し、配偶者居住権の設定の登記を備えさせる義務を負う。
2　第六百五条の規定は配偶者居住権について、第六百五条の四の規定は配偶者居住権の設定の登記を備えた場合について準用する。
第六百五条　　不動産の賃貸借は、これを登記したときは、その不動産について物権を取得した者その他の第三者に対抗することができる。
第六百五条の四　不動産の賃借人は、第六百五条の二第一項に規定する対抗要件を備えた場合において、次の各号に掲げるときは、それぞれ当該各号に定める請求をすることができる。
一　その不動産の占有を第三者が妨害しているとき　その第三者に対する妨害の停止の請求
二　その不動産を第三者が占有しているとき　その第三者に対する返還の請求

(9) 国外中古建物の不動産所得に係る課税の適正化①

【 増税 】

問題点

〇日本に比べ海外では土地よりも建物の価格の比重が高く、日本で購入するときと同じ金額を支出して国外の不動産（土地建物）を購入した場合、減価償却費として経費にできる金額が大きいこと、又、使用可能期間の見積りが困難であるときに採用される簡便法により算出した短い耐用年数により償却することが可能であることから、国外不動産所得で大きな損失を出し、他の所得と損益通算することにより所得税を減少させるという節税対策に利用される点が問題となっていました。

解説

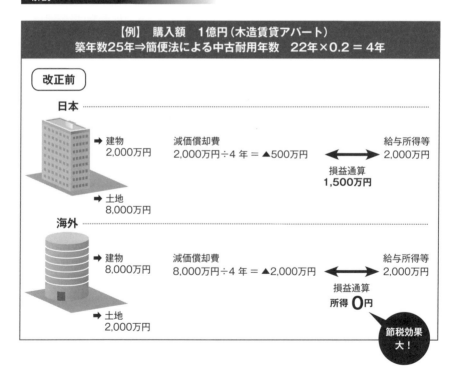

【例】 購入額　1億円（木造賃貸アパート）
築年数25年⇒簡便法による中古耐用年数　22年×0.2＝4年

改正前

日本

➡ 建物　2,000万円
減価償却費　2,000万円÷4年＝▲500万円　給与所得等　2,000万円
損益通算　1,500万円
➡ 土地　8,000万円

海外

➡ 建物　8,000万円
減価償却費　8,000万円÷4年＝▲2,000万円　給与所得等　2,000万円
損益通算　所得 0円
➡ 土地　2,000万円

節税効果大！

（9）国外中古建物の不動産所得に係る課税の適正化②

増税

改正のポイント

○不動産所得の金額の計算上生じた損失の金額のうち、耐用年数を簡便法及び使用可能期間を見積方法（一定の場合を除く）により計算した国外にある中古の建物の「減価償却費に相当する部分の損失」については、生じなかったものとみなして、損益通算等ができないこととなります。

解説

改正後　個人が、令和3年以後の各年において、国外中古建物から生ずる不動産所得を有する場合においてその年分の不動産所得の金額の計算上国外不動産所得の損失の金額があるときは、そのうち国外中古建物の償却費に相当する部分の金額は、生じなかったものとされます。なお「国外不動産所得の損失の金額」とは、国外中古建物の貸付けに係る損失の金額（国外不動産を複数所有している場合には、当該損失を他の国外不動産所得の金額から控除してもなお控除しきれない金額）をいいます。

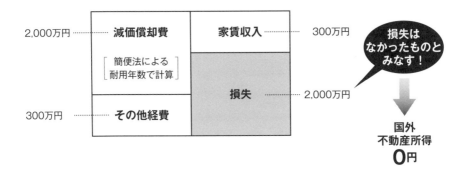

適用時期

令和3年分以後の所得税について適用となります。

(9) 国外中古建物の不動産所得に係る課税の適正化③

増税

改正のポイント

○国外中古建物の不動産所得に係る損益通算等の特例の適用を受け、「なかったもの」とみなされ、損益通算できなかった損失の金額については当該国外中古不動産を譲渡した際の譲渡所得の計算上、取得費から控除する減価償却費部分には含めないこととなります。

解説

【例】 購入額 1億円（建物8,000万円 土地2,000万円）

　　　木造賃貸アパート 築年数25年

　　　⇒簡便法による中古耐用年数22年×0.2=4年

　　　償却完了後に1億円で売却

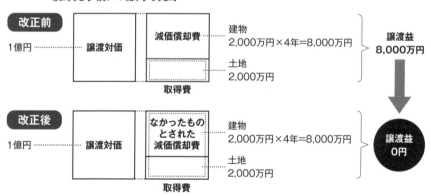

実務上の留意点

国外中古不動産の取得は、譲渡時の課税関係まで考慮して検討する必要があります。

適用時期

令和3年分以後の所得税について適用となります。

▶国外不動産所得

　国外不動産投資で生じた損失を使い、国内の所得税を軽くする手法を封じる措置が講じられました。

　すなわち、令和3年以後の各年において国外中古建物の貸付けから生ずる不動産所得の損失の額のうち、次に掲げる耐用年数によって国外中古建物の償却費を計算している場合、その償却費に相当する金額は生じなかったものとされることとなりました。

①法定耐用年数の全部を経過した資産…その法定耐用年数の20%

②法定耐用年数の一部を経過した資産…（その法定耐用年数－経過年数）

　　　　　　　　　　　　　　　　　　　　＋経過年数×20%

③その用に供したとき以後の使用可能期間の年数

　ただし、この国外中古建物を譲渡する場合はなかったものとされた減価償却費は取得費に加算されますので譲渡所得はその額だけ減少することとなります。

▶耐用年数の見積りをすることができない場合

　ただし、その中古資産を事業の用に供するために支出した資本的支出の金額がその中古資産の再取得価額（中古資産と同じ新品のものを取得する場合のその取得価額をいいます）の50%に相当する金額を超える場合には、耐用年数の見積りをすることはできず、法定耐用年数を適用することになります（国税庁　タックスアンサー：「中古資産の耐用年数」）。

(10) 個人の寄附金①

減税

〇国立大学法人等による教育研究の振興を図るため、又、認定NPO法人等による公益の増進に寄与するため、寄附金の範囲の見直し等が行われます。

解説

(1) 公益法人等に寄附をした場合の所得税額の特別控除制度について、特例の対象となる寄附金の範囲に、国立大学法人等のうち、下記①②の要件を満たし、学生又はポスドクに対する研究等支援事業に充てられることが確実で一定の要件を満たすものを加える。

①パブリック・サポート・テスト要件 (以下「PST要件」という)
②情報公開に関する要件

(2) 要件
①当該寄付金を他の財源と区分して「研究等支援事業基金」として管理すること
②次に掲げる事業の使途に限定されていること
   イ　公募選定プロジェクトにおける研究活動費負担事業
   ロ　論文刊行費
   　　研究成果発表費負担事業
   ハ　異分野研究者との交流事業

実務上の留意点

　事業年度終了後3カ月以内に、基金への受入額と支出額等の明細書を監査を得た上で所轄庁に提出する必要があります。

PST算定において、下記の見直しがされます。

PST算定	『受入れた寄附金の額の総額』÷『総収入金額』≧20% ⬆　　　　　⬆　　　　　⬆ 総収入金額及び受入れた寄附金の額の総額から **休眠預金等からの助成金を除外**します。

(10) 個人の寄附金②

解説

(3) 公益法人等に対して財産を寄附した場合の譲渡所得等の非課税措置の特例について、対象範囲が追加されます。

	【改正前】	【改正後】
対象範囲	国立大学法人 大学共同利用機関法人 公立大学法人 独立行政法人国立高等専門学校機構 国立研究開発法人 公益社団法人 公益財団法人 学校法人 社会福祉法人	左記に加え **認定NPO法人** **特例認定NPO法人**

※非課税措置の特例とは、申請書の提出があった日から1カ月以内に不承認の決定がなかった場合には自動承認となる特例を指します。

実務上の留意点

・承認特例の適用を受けるための手続きの詳細については改正前と同様、寄附の日から4カ月以内に申請書を所得税の所轄税務署へ提出します。

・寄附財産について、寄附を受けた法人区分に応じ基金組み入れ方法等の要件が異なるため、所轄庁への確認が必要となる場合があります。

・特例に係る承認があった場合であっても、一定の要件に該当する場合は承認を取り消すことが可能となります。

（11）未婚のひとり親に対する税制上の措置 及び寡婦（夫）控除の見直し①

増税　**減税**

改正のポイント

○婚姻歴の有無による差を解消し、生計を一にする子を有する未婚のひとり親も寡婦（夫）控除の対象となります［図１］。

○所得制限について男女による差を解消し、寡夫控除額の上限が拡大されます［図２］。

○合計所得金額500万円超の場合の寡婦控除は廃止となります。

解説

【寡婦控除】図１

【改正前】							
配偶関係			死別		離婚		
合計所得金額			500万円以下	500万円超	500万円以下	500万円超	
扶養親族	有	子	35万円（30万円）	27万円（26万円）	35万円（30万円）	27万円（26万円）	
		子以外	27万円（26万円）	27万円（26万円）	27万円（26万円）	27万円（26万円）	
	無		27万円（26万円）	－	－	－	

【改正後】					
配偶関係			死別	離婚	**未婚**
合計所得金額			500万円以下	500万円以下	500万円以下
扶養親族	有	子	35万円（30万円）	35万円（30万円）	**35万円（30万円）**
		子以外	27万円（26万円）	27万円（26万円）	－
	無		27万円（26万円）	－	－

（注）カッコ書きは住民税

解説

【寡夫控除】図２

【改正前】		
配偶関係	死別	離婚
合計所得金額	500万円以下	500万円以下
扶養親族　有　子	27万円（26万円）	27万円（26万円）
子以外	―	―
無	―	―

【改正後】			
配偶関係	死別	離婚	未婚
合計所得金額	500万円以下	500万円以下	500万円以下
扶養親族　有　子	**35万円**（30万円）	**35万円**（30万円）	**35万円**（30万円）
子以外	―	―	―
無	―	―	―

（注）カッコ書きは住民税

実務上の留意点

　「生計を一にする子」は総所得金額等が38万円以下（令和2年分以降は48万円以下）で他の人の扶養親族などになっていない人に限られます。

適用時期

　令和2年分以後の所得税について適用します。

個人住民税については令和３年分以後について適用します。

（12）国外居住親族に係る扶養控除の見直し

増税

改正のポイント

〇非居住者である親族の所得稼得能力に着目し、扶養控除の適用要件について、年齢を切り口にした見直しが行われます。

解説

	【改正前】	【改正後】
控除対象者	・16歳以上の親族等 ・居住者と同一生計である者 ・合計所得金額が38万円以下である者 （令和2年分以降は48万円以下）	非居住者である親族に係る扶養控除の対象となる親族で30歳以上70歳未満の者であり、次のいずれにも該当しない者を除外する。 ①留学により非居住者になった者 ②障害者 ③その居住者からその年に受ける生活費又は教育費に充てるための支払いを38万円以上受けている者

実務上の留意点

上記①又は③に該当する者であることを明らかにする書類を提出等しなければなりません。

適用時期

令和5年1月1日以後に支払われる給与等及び公的年金等並びに令和5年分以後の所得税について適用します。

（13）確定拠出年金等の制度改正に伴う税制上の所要の整備

○個人が自ら運用手段を選んで老後の資金を作る確定拠出年金が、大幅に拡充されます。柱となるのは掛金の拠出期間の延長です。税制上も確定拠出年金等の制度改正に足並みを揃え、必要な整備が行われます。

解説

（1）確定拠出年金の加入期間の延長 　　　　　※保険料納付期間が480カ月未満の者

	1階	2階	3階	60歳	65歳	70歳
自営業者 （1号被保険者）	国民年金	国民年金 基金	個人型 確定拠出年金 （iDeCo）		※	
専業主婦（夫） （3号被保険者）		－				
サラリーマン （会社にDCがない）						
サラリーマン （会社にDCがある）		厚生年金	企業型 確定拠出年金 （DC）			
サラリーマン （会社にDBがある）			確定給付 企業年金 （DB）			

➡ 改正前
➡ 改正後

		【改正前】	【改正後】
(2)	確定拠出年金の 受給開始時期の選択肢の拡大	60歳〜70歳	上限年齢を 70歳に以降に拡大
(3)	確定給付企業年金の 支給開始時期の設定範囲の拡大	60歳〜65歳	60歳〜70歳
(4)	中小企業向け制度（簡易型DC・ iDeCoプラス）の対象範囲の拡大	100人以下	300人以下
(5)	企業型DC加入者の iDeCo加入の要件緩和	労使合意の 規約が必要	従業員本人の希望で 加入できる

▶確定拠出年金の概要（厚労省HP）

　確定拠出年金は、拠出された掛金とその運用収益との合計額をもとに、将来の給付額が決定する年金制度です。

　掛金を事業主が拠出する企業型年金と、加入者自身が拠出する個人型年金（iDeCo）があります。iDeCoとは、公的年金にプラスして給付を受けられる私的年金制度の一つです。

　あらかじめ定められた拠出額とその運用収益との合計額をもとに、個人別に年金給付額が決定される仕組みとなっています。

現行制度の概要

実施主体

＜企業型＞企業型年金規約の承認を受けた企業

＜個人型（iDeCo）＞国民年金基金連合会

加入対象者

＜企業型＞実施企業に勤務する従業員

＜個人型（iDeCo）＞　自営業者等、厚生年金保険の被保険者、専業主婦等

掛金

＜企業型＞事業主が拠出します（規約に定めた場合は加入者も拠出可能）

＜個人型（iDeCo）＞本人が拠出します（「iDeCo＋」を利用する場合は事業主も拠出可能）

○「iDeCo＋」は、企業年金を実施していない中小企業が、従業員の老後の所得確保に向けた支援を行うことができるよう、その従業員の掛金との合計がiDeCoの拠出限度額の範囲内（月額23,000円以下）でiDeCoに加入する従業員の掛金に追加して、事業主が掛金を拠出することができる制度です。

掛金拠出限度額

＜企業型＞

・確定給付型を実施していない場合55,000円／月

　規約において個人型への同時加入を認める場合は35,000円／月

・確定給付型を実施している場合27,500円／月

　規約において個人型への同時加入を認める場合は15,500円／月

＜個人型（iDeCo）＞自営業者等68,000円／月、厚生年金保険の被保険者は種類に応じて12,000円から23,000円／月、公務員12,000円／月、専業主婦23,000円／月

資産運用等

　加入者が預貯金、投資信託、保険商品等から選択して運用を行い、資産は個人別に管理される。

給付

　老齢給付金、障害給付金、死亡一時金、脱退一時金として給付されます。

税制

	【企業型】	【個人型（iDeCo）】
拠出時	非課税 ■事業主が拠出した掛金：全額損金算入 ■加入者が拠出した掛金：全額所得控除（小規模企業共済等掛金控除）	非課税 ■加入者が拠出した掛金：全額所得控除（小規模企業共済等掛金控除） ■「iDeCo＋」を利用し事業主が拠出した掛金：全額損金算入
運用時	■運用益：非課税 ■積立金：特別法人税課税（現在、課税は停止されています）	
給付時	■年金として受給：公的年金等控除 ■一時金として受給：退職所得控除	

改正の概要

　高齢化社会となり、働く60歳台が大幅に増加して今や60歳代の7割が働いています。

　このように働く高齢者が増えていること及び将来的に公的年金の給付水準が下がると考えられていることから、確定拠出年金の掛金の拠出期間の延長をすることとしました。

　高齢化を見据えた資産づくりの支援拡充により私的年金を手厚くすることで将来不安を解消する施策です。

1．確定拠出型企業の会社員がiDeCoに加入するには規約を定める必要があり、月35,000円までが企業負担の上限ですが、改正後は規約の定めなしに、月55,000円の負担額を維持したまま、iDeCoへの同時加入が認められるようになります。

2．確定拠出年金の掛金拠出期間を現在の60歳から企業型は70歳、個人型iDeCoは60歳から65歳まで延ばします。

3．個人型は、掛金は所得控除となり、値上がり益や配当も非課税、受取時には退職所得控除の対象となります。

4．企業型、個人型とも受給開始時期の選択肢を拡大し、70歳を超えても受取可能になりました

5. 確定給付型(DB)についても企業が60〜65歳で受給年齢を設定していますが70歳まで拡大しました。

（14）雑所得を生ずべき業務に係る課税の見直し

○個人の雑所得を生ずべき業務に係る所得の金額の計算や確定申告について、見直しが行われます。

【改正内容】

○その年の前々年分の雑所得を生ずべき業務に係る収入金額が300万円以下である個人

  その年分の当該業務に係る雑所得として、総収入金額及び必要経費に算入すべき金額に、当該業務につきその年において収入した金額及び支出した費用の額とすることができる特例（いわゆる「現金主義による所得計算の特例）が適用できることとなります。

○その年の前々年分の雑所得を生ずべき業務に係る収入金額が300万円超の個人

  現金預金取引等関係書類を起算日から5年間、その者の住所地又は居所地に保存する必要があります。

○その年の前々年分の雑所得を生ずべき業務に係る収入金額が1,000万円超の個人

 確定申告書を提出する場合には、当該業務に係るその年中の総収入金額及び必要経費の内容を記載した書類を確定申告書に添付する必要があります。

　現金預金取引等関係書類とは、取引に関する書類のうち、現金の収受もしくは払出し又は預貯金の預入もしくは引き出しに際して作成されたものをいいます。又、起算日とは、現金預金取引等関係書類の作成又は受領の日の属する年の翌年3月15日の翌日をいいます。

　令和4年1月1日以後の所得税より適用となります。

▶雑所得を生ずべき業務に係る課税の見直し

　雑所得を生ずるような業務に関して、所得金額の計算や確定申告について次のような見直しが行われました。令和4年1月1日以後の所得税から適用になります。

①その年の前々年分の収入金額が300万円以下の個人は雑所得の収入金額及び必要経費の金額を現金主義によることができます。

②その年の前々年分の収入金額が300万円を超える個人は現金預金取引に関する書類を起算日から5年間保存しなければなりません。

　※「現金預金取引等関係書類」とは取引に関して発生した書類のうち、現金の収受もしくは払出し又は預貯金の預入もしくは引き出しに際して作成されたものをいいます。

　※「起算日」とは現金預金取引等関係書類の作成又は受領の日の属する年の翌年3月15日の翌日をいいます。

③その年の前々年分の収入金額が1,000万円を超える個人は雑所得を生ずる業務に関する総収入金額及び必要経費の内容を記載した書類を確定申告書に添付しなければなりません。

（15）医療費控除に係る添付書類の拡充

改正のポイント

〇医療費控除の適用を受ける際の、所得税の「確定申告書」への添付書類が拡充されます。

解説

【改正前】	【改正後】
医療保険者の 医療費等の額を 通知する書類の添付	次の書類のうちいずれかの添付 イ　審査支払機関（※）の医療費の額等を通知する書類 　　（その書面に記載すべき事項が記録された電磁的記録を一定の方法により印刷した書面で、国税庁長官が定めるものを含む） ロ　医療保険者の医療費の額等を通知する書面に記載すべき事項が記録された電磁的記録を一定の方法により印刷した書面で、国税庁長官が定めるもの

この改正により、e-Taxにより確定申告を行う場合においても、審査支払機関の医療費の額等を通知する書類に記載すべき事項が記録された一定の電磁的記録の送信により、書類添付は不要となります。

e-Taxにより確定申告を行う場合において、次の書類の記載事項を入力して送信するときは、これらの書類の確定申告書への添付に代えることができることとなります（確定申告期限等から5年間、必要な場合には、税務署より書類の提示又は提出を求められることがあります）。
イ　医療保険者の医療費の額等を通知する書類
ロ　審査支払機関の医療費の額等を通知する書類

（※）　審査支払機関とは、社会保険診療報酬支払基金及び国民健康保険団体連合会をいいます。

適用時期

　令和3年分以後の所得税確定申告書を令和4年1月1日以後に提出する場合について適用されます。

▶医療費控除に係る添付書類の拡充（国税庁HP）

　現行制度は下記のとおりです。

　健康保険組合から送られてきた「医療費のお知らせ」が、医療費通知（注）に該当する場合には、医療費控除を受ける際の添付書類として利用することができます。

　平成29年分の確定申告から、医療費控除を受ける場合に「医療費控除の明細書」を作成し、確定申告書に添付しなければならないこととされていますが、医療保険者から交付を受けた医療費通知（注）がある場合は、医療費通知を添付することによって医療費控除の明細書の記載を簡略化することができます。

（注）医療費通知とは、医療保険者が発行する医療費の額等を通知する書類で、次の事項の記載があるもの（後期高齢者医療広域連合から発行された書類の場合は③を除く。）及びインターネットを利用して医療保険者から通知を受けた医療費通知情報でその医療保険者の電子署名並びにその電子署名に係る電子証明書が付されたものをいいます。

　　①被保険者等の氏名　②療養を受けた年月　③療養を受けた者　④療養を受けた病院、診療所、薬局等の名称　⑤被保険者等が支払った医療費の額　⑥保険者等の名称

　この度の改正により、令和３年分以後の確定申告書を令和４年１月１日以後に提出する場合は、上記の健康保険組合から送られてきた「医療費のお知らせ」の添付に代えて、社会保険診療報酬支払基金及び国民健康保険団体連合会の二つの審査支払機関の医療費の額等を通知する書類を添付することができることとなりました。

　又、e-Taxにより確定申告を行う場合は、上記「医療費のお知らせ」又は「審査支払機関の医療費の額等を通知する書類」の記載事項を入力して送信すればこれらの書類の添付を省略することができます。ただし、確定申告期限から５年間、税務署長はこれらの書類の提示又は提出を求めることができることとされています。

（16）源泉徴収における推計課税の整備

改正のポイント

○源泉徴収について、青色申告者を除き、推計により所得税を徴収できる旨が法令上明確化されます。

解説

【制度の概要】

> 従業員別の給与の支払金額をもとに所得税を徴収【原則：実額課税】

> 各人ごとの支払金額・支払いの日・支払金額の総額・支払人数等が不明

> 税務署長は、上記について推計等をして、源泉徴収義務者から
> その給与等の支払いに係る所得税を徴収できる

実務上の留意点

・給与等のほか、退職手当等及び報酬・料金等並びに非居住者が支払いを受けるこれらのものについても対象となります。

・青色申告書を提出した個人の事業所得の金額等に係る支払い及び青色申告書を提出した法人の支払いに係るものを除きます。

適用時期

令和3年1月1日以後に支払われるものについて適用となります。

（17）所得税確定申告書の記載内容・添付書類の見直し

改正のポイント

○所得税の「確定申告書」の記載内容・添付書類が見直されます。

解説

項目	【改正前】	【改正後】
確定申告書等に記載する「各種所得に係る収入金額の支払者に関する事項」	支払者の本店等の所在地の記載	支払者の法人番号の記載によることができる

項目	【改正前】	【改正後】
寄附金控除の適用を受ける際の確定申告書の添付書類	特定寄附金を受領した者の特定寄附金の額等を証する書類の添付等	特定寄附仲介事業者（※）の特定寄附金の額等を証する書類（その書面に記載すべき事項が記録された電磁的記録を一定の方法により印刷した書面で、国税庁長官が定めるものを含む）の添付等ができる

　この改正により、e-Taxにより確定申告を行う場合においても、特定寄附仲介事業者の特定寄附金の額等を証する書類に記載すべき事項が記録された一定の電磁的記録の送信により、書類添付は不要となります。

（※）　特定寄附仲介事業者とは、地方公共団体と寄附の仲介に係る契約を締結した一定の事業者をいいます。

　令和3年分以後の所得税確定申告書を令和4年1月1日以後に提出する場合について適用されます。

（18）国民健康保険税の引上げ

改正のポイント

○国民健康保険税を構成する基礎課税額・後期高齢者支援金等課税額・介護納付金課税額のうち、基礎課税額・介護納付金課税額について年税額の課税限度額が引上げられます。

○一定の所得以下の世帯に対して国民健康保険税が減額される制度について、減額の対象となる所得の基準が引上げられ低所得者に対する軽減措置が拡充されます。

解説

○課税限度額の引上げ

項目	【改正前】	【改正後】
基礎課税額	61万円	**63万円**
介護納付金課税額	16万円	**17万円**

○減額の対象となる所得の基準についての引上げ

[世帯の総所得金額等の合計額]に応じて下の表に応じた割合で軽減されます

	【改正前】	【改正後】
7割軽減	33万円以下	43万円＋α以下
5割軽減	33万円＋（28万円×（被保険者数＋特定同一世帯所属者数））以下	43万円＋α＋（28.5万円×（被保険者数＋特定同一世帯所属者数））以下
2割軽減	33万円＋（51万円×（被保険者数＋特定同一世帯所属者数））以下	43万円＋α（52万円×（被保険者数＋特定同一世帯所属者数））以下

α…（被保険者のうち一定の給与所得者と公的年金等の支給を受ける者の合計数 － 1）×10万円

（19）居住用財産の譲渡所得の特例を適用した場合における住宅ローン控除の適用見直し

増税

改正のポイント

○新規住宅の居住年から3年後に従前住宅を譲渡し、居住用財産の譲渡所得の特例を適用した場合における住宅ローン控除の適用について見直しがされます。

解説

【改正前】	【改正後】
①従前住宅について居住用財産の譲渡所得の特例 ②新規住宅について住宅ローン控除の適用可	左記①の適用を受けた場合には、左記②の適用を不可

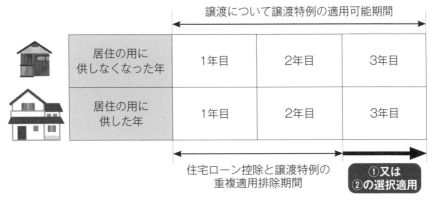

【居住用財産の譲渡所得の特例】

　（1）居住用財産を譲渡した場合の長期譲渡所得の課税の特例

　（2）居住用財産の譲渡所得の3,000万円特別控除

　（3）特定の居住用財産の買換え及び交換の場合の長期譲渡所得の課税の特例

　（4）既成市街地等内にある土地等の中高層耐火建築物等の建設のための買換え及び交換の場合の譲渡所得の課税の特例

　居住用財産に係る譲渡損失の損益通算及び繰越控除の特例、又は居住用財産の買換えに係る譲渡損失の損益通算及び繰越控除の特例を受けるときは、住宅ローン控除の適用を受けることができます。

　令和2年4月1日以後に従前住宅等の譲渡をする場合について適用されます。

[説明]

　新たに住宅を取得し、その住宅に居住している個人が、その居住した年から3年目に以前居住していた住宅を売却し、[居住用財産の譲渡所得の特例]の適用を受けた場合で新規住宅の住宅借入金等を有するときは、所得税及び個人住民税における住宅借入金特別税額控除の適用を受けることができなくなりました。

(20) 優良住宅地の造成のための譲渡に係る特例の縮減・延長

増税　**減税**

改正のポイント

○優良住宅地の造成のため譲渡所得の軽減税率について一部譲渡を適用対象から除外
した上、適用期限が3年延長されます。

解説

【制度の概要】

　優良住宅地の造成等のために土地等を譲渡した場合の長期譲渡所得のうち、2,000
万円以下の部分について下記のとおり税率が軽減されます。

	所得税	住民税	合計
本則	15%	5%	20%
軽減税率	10%	4%	14%

【改正内容】

　優良宅地等のための譲渡のうち次の譲渡が適用対象から除外されます。

【改正前】	【改正後】
都市再生特別措置法の認定整備事業計画に係る一定の都市再生整備事業の認定整備事業者に対する土地等の譲渡	除外
都市計画区域内において行われる一団の宅地の造成（都市計画法の開発許可又は土地区画整理法の許可を受けて行われるものであること等の要件を満たすものに限る）を行う者に対する土地等の譲渡	除外

実務上の留意点

老朽化マンションの建替えやオフィスビルへの転用などの活用が期待されます。

適用時期

令和４年12月31日までの譲渡について適用されます。

（21）特定の居住用財産の買換え・交換の特例の延長

改正のポイント

○特定の居住用財産の買換え・交換の特例が2年延長されます。

制度の概要

　10年超所有及び居住しているマイホーム（居住用財産）を適用期限までに売却し（1億円以下）、売却した日の前年から売却した年末までにマイホームを買換えたときは、一定の要件のもと、譲渡益に対する課税を将来に繰り延べることができます（譲渡益が非課税となるわけではありません）。新旧マイホームを交換により取得した場合も買換えたもの（売却＋購入）として取扱われます。

＜例＞

	取得価額 （A）	売却金額 （B）	譲渡益 （A－B）
旧 マイホーム	3,000万円	7,000万円	4,000万円（イ）
新 マイホーム	7,000万円	仮）8,000万円	1,000万円（ロ）

> 通常だと課税対象となりますが、特例の適用を受けた場合、売却した年分で譲渡益への課税は行われず、新マイホームを将来譲渡するときまで譲渡益の課税を繰り延べることができます。

　仮に将来、新マイホームを8,000万円で売却したとすると譲渡益4,000万円（イ）と1,000万円（ロ）の合計5,000万円が譲渡益として課税されます。

購入 ➡ 売却
譲渡益【繰延】

買換え ➡ 売却
譲渡益【課税】

① 旧マイホームの ≦ 新マイホームの → 譲渡益ゼロ
　 売却金額 　　取得価額 　　　（課税の繰り延べ）

② 旧マイホームの ＞ 新マイホームの → 下記の算式による金額が
　 売却金額 　　取得価額 　　　　　　譲渡益

$$\frac{\left(\begin{array}{c}\text{旧マイホームの}\\\text{売却金額⑦}\end{array}-\begin{array}{c}\text{新マイホームの}\\\text{取得価額⑦}\end{array}\right)-\left(\begin{array}{c}\text{旧マイホームの}\\\text{取得費}\end{array}+\begin{array}{c}\text{譲渡}\\\text{費用}\end{array}\right)\times\left(⑦-⑦\right)}{⑦}$$

実務上の留意点

　居住用財産を譲渡した場合の3,000万円の控除の特例の適用を重ねて受けることはできません。

適用時期

　令和3年12月31日までに譲渡したマイホームに適用となります。

（22）特定資産の買換え特定の見直し・延長

増税

改正のポイント

○特定資産の買換え特例について、一定の見直しを行った上で、適用期限が3年延長
　されます（過疎地域に係る措置及び危険密集市街地に係る措置を除く）。

○過疎地域に係る措置及び危険密集市街地に係る措置については、一定の見直しを行
　った上で適用期限が1年延長されます。

解説

①過疎地域に係る措置及び危険密集市街地に係る措置　→　適用期限が**1年**延長

②上記以外の特定の資産の買換えの場合等の課税の特例　→　適用期限が**3年**延長

　（改正内容は以下のとおりです）

	【改正内容】
既成市街地等の内から外への買換え	譲渡資産から「工場の立地が制限されていなかった区域内にある建物又はその敷地の用に供されている土地等」を除外
航空機騒音障害区域の内から外への買換え	譲渡資産が一定の区域にある場合、課税の繰延割合を80%から**70%に引下げ**
都市機能誘導区域の外から内への買換え	**課税の特例の対象から除外**
危険密集市街地内での土地等の買換え	譲渡資産の要件に「耐火建築物又は準耐火建築物と同等以上の延焼防止性能を有する建築物」を加える。 対象となる危険密集市街地を、その区域の不燃領域率が40%未満の区域に限定
長期所有の土地等の買換え	長期所有の土地、建物等から国内にある土地、建物等への買換えについて、**買換資産から鉄道事業用車両運搬具を除く**
環境負荷低減に係る日本船舶への買換え	外航船舶及び内航船舶につき、買換資産の船齢が法定耐用年数以下であることを要件に加える 港湾の作業船につき、譲渡資産の船齢要件を40年から35年未満に引下げる

（23）不動産税制の適用期限延長（居住用財産・山林所得）

○居住用財産・山林所得に関する各種特例の適用期限が2年延長されます。

解説

	【改正前】	【改正後】
居住用財産の買換え等の場合の 譲渡損失の繰越控除等	令和1年12月31日	令和3年12月31日
特定居住用財産の譲渡損失の 繰越控除等	令和1年12月31日	令和3年12月31日
山林所得に係る 森林計画特別控除	令和2年12月31日	令和4年12月31日

【制度の概要】

（1）居住用財産の買換え等の場合の譲渡損失の繰越控除等の特例

　　マイホーム（旧居宅）を令和3年12月31日までに売却して、新たにマイホームを購入した場合、旧居宅の譲渡による損失が生じたとき、一定の要件を満たすものに限り、その譲渡損失をその年の他の所得から控除（損益通算）することができます。さらに、損益通算を行っても控除しきれなかった譲渡損失は、譲渡の年の翌年以後3年以内に繰り越して控除できます。

（2）特定居住用財産の譲渡損失の繰越控除等の特例

　　住宅ローンのあるマイホームを令和3年12月31日までに住宅ローンの残高を下回る価額で売却して譲渡による損失が生じたときは、一定の要件を満たすものに限り、その譲渡損失をその年の他の所得から控除（損益通算）することができます。さらに、損益通算を行っても控除しきれなかった譲渡損失は、譲渡の年の

翌年以後3年以内に繰り越して控除できます。

（3）山林所得に係る森林計画特別控除額の特例

平成24年から令和4年までの各年において、個人が有する森林につき森林経営計画に基づいて山林を伐採又は譲渡した場合、山林所得の金額の算定にあたり、一定の金額を森林計画特別控除額として収入金額から差し引くことができます。

3. 資産課税

（1）所有者不明土地等に係る固定資産税の課税①

〇固定資産税の納税義務者は、原則として登記簿上の所有者ですが、その所有者が死亡している場合には、現に所有している者（通常は相続人）が、納税義務者となります。その納税義務者が死亡した場合において、相続登記がなされないときは、真の所有者を課税庁が自ら調査・特定する必要があるため、多大な時間と労力を費やしています。

又、調査を尽くしても所有者が一人も特定できない場合においては、固定資産税を課すことができず、課税の公平性の観点から問題となっていました。

解説

〇所有者が不存在・特定できないため課税できないケース（例）

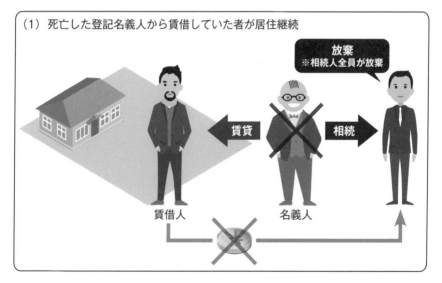

（1）死亡した登記名義人から賃借していた者が居住継続

(2) 相続放棄した者とその関係者が居住

(3) 登記が正常に記録されていない土地で店舗営業等

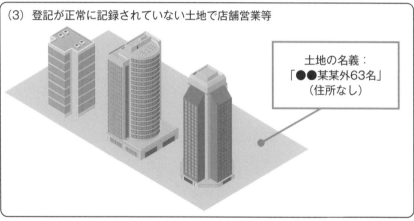

(4) 外国籍の所有者が死亡し、相続人が特定できない

（1）所有者不明土地等に係る固定資産税の課税②

改正のポイント

○市町村長は、条例により、登記簿等に所有者として登記等がされている個人（納税義務者）が死亡している場合、その土地又は家屋を現に所有している者（以下「現所有者」といいます）に、その者の氏名、住所、その他必要事項を申告させることができることとなります。

解説

○相続登記がされていない場合の現所有者の把握につき、下記のとおり、条例により申告させることができるようになります。

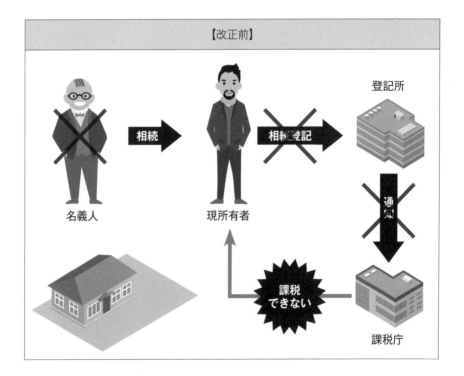

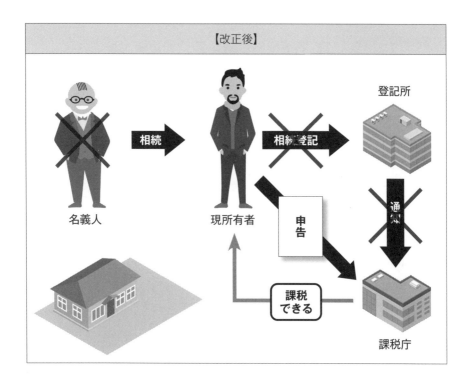

【改正後】

名義人 → 相続 → 現所有者 → 相続登記 → 登記所

申告

課税できる

課税庁

　固定資産税における他の申告制度と同様の罰則が設けられます。

　令和2年4月1日以後の条例の施行の日以後に現所有者であることを知った者について適用されます。

（1）所有者不明土地等に係る固定資産税の課税③

〇市町村は、一定の調査を尽くしてもなお固定資産の所有者が一人も明らかとならない場合には、その使用者を所有者とみなして固定資産課税台帳に登録し、その者に固定資産税を課税することができることとなります。

〇相続登記がされていない場合の現所有者の調査の流れ

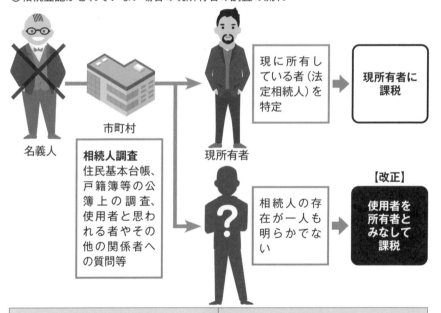

【改正前】	【改正後】
震災等の事由によって所有者が不明の場合に使用者を所有者とみなして課税できる規定があるが、適用は災害の場合に限定される。	調査を尽くしてもなお固定資産の所有者が一人も明らかとならない場合も同様に、使用者を所有者とみなして課税できることとする。

使用者を所有者とみなして固定資産課税台帳に登録しようとする場合には、市町村はその旨をその使用者に通知することとなります。

令和3年以後の年度分の固定資産税について適用されます。

▶所有者不明土地等

土地又は家屋を所有し、登記している登記簿所有者個人が死亡している場合、その土地等を現に所有している者に固定資産税を賦課できるよう所定の手続きをとることとされました。

又、自治体が調査しても所有者が不明な土地等はその土地を使っている人に課税できるようにしました。所有者不明の土地が発生する最大の原因は相続時に登記が行われないためといわれています。相続登記をしない人が代を重ねると所有者不明土地が徐々に増えてきます。

このため、財務省は相続人がいない高齢者が国に土地を贈与しやすくするため、事前に国と贈与契約を締結する制度も整備すると明らかにしています。

▶所有者不明土地等に係る課税上の課題への対応

所有者不明土地とは、相当な努力が払われたと認められるものとして政令で定める方法により探索を行ってもなおその所有者の全部又は一部を確知することができない一筆の土地をいいます。

このような所有者不明土地等に係る課税上の課題に対応するため、既述のとおり次の措置を講ずることとしました。

①現に所有している者の申告の制度化

市町村長は、その市町村内の土地又は家屋について、登記簿等に所有者として登記等がされている個人が死亡している場合、その土地等を現に所有している者に、条例で定めるところにより、その現所有者の氏名、住所その他固定資産税の賦課徴収に必

要な事項を申告させることができることとしました。

②使用者を所有者とみなす制度の拡大

　市町村は、住民基本台帳や戸籍簿等の調査、その他関係者にヒアリングするなどの調査をしてもその土地等の所有者が一人も明らかとならない場合は、その使用者を所有者とみなして固定資産課税台帳に登録し、その者に固定資産税を課することができることとしました。

　平成31年度の所有者不明土地に係る譲渡所得等の特別控除の拡充に引き続いて、固定資産税についても必要な措置が取られました。

（2）農地等の納税猶予制度の適用範囲の拡大

○農地等に係る相続税・贈与税の納税猶予制度について、都市計画法の改正を前提に
特例適用農地等の範囲に、三大都市圏の特定市の市街化区域内に所在する農地で、
地区計画農地保全条例（仮称）により制限を受ける一定の地区計画の区域内に所在
するものが加わります。

解説

○納税猶予の適用地域別、農地等の区分

地理的区分／都市計画区分		三大都市圏		地方圏
		特定市	特定市以外	
市街化区域	生産緑地等	都市営農農地等（生涯営農）	（生涯営農）	市街化区域内農地等
	田園住居地域内農地		（20年営農）	
	一定の地区計画区域内農地（※）			
	上記以外	特定市街化区域農地等（適用なし）		
市街化区域以外（市街化調整区域、非線引）		（生涯営農）		

※農と住の調和したまちづくりに係る新たな地区計画制度を創設し、「地区計画農地保
全条例」（仮称）により制限を受ける一定の地区計画の区域内に所在する農地が、都
市営農農地等として特例適用農地等に追加されます。

（3）相続税の物納制度の適用対象の拡充

〇国税は、納期限までに金銭で一時に納付することが原則ですが、相続税に限り、延納によっても金銭納付が困難な事由がある場合は、その納付が困難な金額を限度として、一定の相続財産による物納が認められています。

〇物納に充てることのできる財産のうち、相続税の物納の特例として、適用対象となる登録美術品の範囲に、制作者が生存中である美術品のうち一定のものが加わります。

〇物納に充てることができる財産は、納税義務者の課税価格計算の基礎となった下記の財産で日本国内にあるものです。管理処分不適格財産、相続時精算課税に係る贈与により取得した財産は物納の対象とすることはできません。

順位	物納財産	物納の特例
第1順位	①不動産、船舶、国債、地方債、上場株式等（※） ②不動産及び上場株式のうち物納劣後財産	【改正前】 ・相続開始前から所有していた特定登録美術品は、左記の順位によることなく物納に充てることができます。 ・特定登録美術品とは、「美術品の美術館における公開の促進に関する法律」に定める登録美術品のうち、その相続開始時において、既に同法による登録を受けているものをいいます。 ・なお、下記の点から、制作者が生存中のものは対象から除かれていました。 ①文部科学省令により、登録を受けるための登録申請書に「美術品の制作者の氏名、生年及び**死亡年**並びに制作時期」を記載する必要がある点 ②文化庁の登録美術品登録基準にて「制作者が**生存中でないもの**」とされている点
第2順位	③非上場株式等（※） ④非上場株式のうち物納劣後財産	
第3順位	⑤動産	【改正後】 制作者が**生存中である**美術品のうち一定**のものを含む**こととなります。

※特別の法律により法人の発行する債券及び出資証券を含み、短期社債等を除きます。

（4）医業継続に係る相続税・贈与税の納税猶予制度等

改正のポイント

○良質な医療を提供する体制の確立を図るための医療法等の一部を改正する法律の改正を前提に、医業継続に係る相続税・贈与税の納税猶予制度等の適用期限が3年延長され、令和5年9月30日までとなります。

解説

	【従前】	【延長後】
厚生労働大臣の認定期間	平成29年10月1日から令和2年9月30日まで	**令和5年9月30日まで延長**

持分あり医療法人

持分なし
医療法人への
移行計画の
認定を申請

→

厚生労働大臣の
認定

【移行計画期間】
・出資者の相続に係る
　相続税の猶予・免除
・出資者間のみなし贈
　与税の猶予・免除

→

持分なし医療法人

持分の放棄
＋
定款変更
により移行完了

認定医療法人については、移行の際の法人に対する贈与税が課税されません。

【主な運営の適正要件】

・法人関係者に対し、特別の利益を与えないこと。

・役員報酬等が不当に高額とならないよう支給基準を定めていること。

・社会保険診療等に係る収入金額が全収入金額の80％を超えること。

・持分なし医療法人へ移行完了後6年を経過する日までの間、運営の適正要件を満たしているかどうかについて厚生労働大臣に運営状況を報告しなければなりません。
・医療法人総数　54,790法人　うち持分あり医療法人社団　39,263法人（平成31年3月末現在）
・申請件数　405件　うち認定件数　273件（令和元年9月25日現在）

[解説]
　相続人等が、医療法人の持分を被相続人から相続又は遺贈により取得した場合において、その医療法人が相続税の申告期限において認定医療法人であるときは、納付すべき相続税のうち、この特例の適用を受ける持分の価額に対応する相続税については、一定の要件を満たすことにより、認定移行計画に記載された移行期限まで、その納税が猶予されます。

　認定医療法人の認定移行計画に記載された移行期限までに認定医療法人の持分の全てを放棄した場合は医療法人持分納税猶予税額が免除されます。

　認定療法人の持分を有する人（贈与者）がその持分の全部又は一部の放棄をしたことにより、その認定医療法人の持分を有する他の人（受贈者）に贈与税が課される場合には、その放棄により受けた経済的利益の価額に対応する贈与税については、一定の要件を満たすことにより、認定移行計画に記載された移行期限まで、その納税が猶予されます。

　認定医療法人の認定移行計画に記載された移行期限までに認定医療法人の持分の全てを放棄した場合は医療法人持分納税猶予税額（全額）が免除されます。

（5）登録免許税の軽減措置の延長

○下記の登録免許税の軽減措置の適用期限が2年延長されます。

解説

内容		本則	軽減税率
住宅用家屋の所有権	保存登記	0.4%	0.15%
	移転登記	2.0%	0.3%
住宅取得資金の貸付け等に係る抵当権の設定登記		0.4%	0.1%
特定認定長期優良住宅の所有権	保存登記	0.4%	0.1%
特定認定長期優良住宅の所有権	マンション 移転登記	2.0%	0.1%
	戸建て住宅 移転登記	2.0%	0.2%
認定低炭素住宅の所有権	保存登記	0.4%	0.1%
	移転登記	2.0%	0.1%
特定の増改築等がされた住宅用家屋の所有権	移転登記	2.0%	0.1%

○本年度の税制改正においては、上記の軽減措置の適用期限が2年間延長されます。

	【改正前】	【改正後】
適用期限	令和2年3月31日まで	令和4年3月31日まで

（6）不動産の譲渡に関する契約書等に係る印紙税の税率の特例措置の延長

○不動産の譲渡に関する契約書等に係る印紙税の税率の軽減措置の適用期限が2年延長されます。

解説

○不動産の譲渡に関する契約書等については契約金額に応じ、印紙税法別表第一第1号及び第2号の規定されている印紙税を負担する必要があります。

○ただし、建設工事や不動産流通のコストを抑制することにより、建設投資の促進・不動産取引の活性化を図るなどの観点から、平成9年に特例措置が創設されました。

○その後、度重なる延長や平成26年からの特例措置の拡充を経て、改正前は令和2年3月31日が適用期限とされています。

○本年度の税制改正においては、上記のような観点により、デフレからの完全な脱却と経済成長の実現を確実なものとし、あわせて建設産業の再生を図るため、上記の適用期限が2年延長となります。

	【改正前】	【改正後】
適用期限	令和2年3月31日まで	令和4年3月31日まで

（7）新築住宅及び新築の認定長期優良住宅に係る 固定資産税の軽減措置の延長

○住宅取得者の初期負担の軽減を通じて、耐久性に優れた良質な住宅の普及を促進するため、新築住宅及び認定長期優良住宅に係る固定資産税の特例措置が2年延長されます。

○新築住宅の固定資産税は新築した年の翌年から3年間（3階建以上の中高層耐火住宅の場合は5年間）は2分の1軽減されます。

○認定長期優良住宅の固定資産税は新築した年の翌年から5年間（3階建以上の中高層耐火住宅の場合は7年間）は2分の1軽減されます。

	新築住宅	認定長期優良住宅
下記以外の住宅	固定資産税額の1／2減額 （3年間）	固定資産税の1／2減額 （5年間）
3階建以上の 中高層耐火住宅	固定資産税額の1／2減額 （5年間）	固定資産税の1／2減額 （7年間）

○本年度の税制改正においては、上記の適用期限が2年延長となります。

	【改正前】	【改正後】
適用期限	令和2年3月31日まで	令和4年3月31日まで

　住宅部分の床面積が50㎡以上280㎡以下であること（2分の1減額は120㎡を限度とします）。

　併用住宅等にあっては住宅部分の床面積の割合全体の2分の1以上であること。

　長期優良住宅認定通知書又はその写しを添付して市町村長に申告する必要があります。

（8）耐震改修・バリアフリー改修・省エネ改修を行った住宅に係る固定資産税の軽減措置の延長

改正のポイント

○既存住宅の耐震化・バリアフリー化・省エネ化を進め、住宅ストックの性能向上を図るため、住宅リフォーム（耐震改修・バリアフリー改修・省エネ改修）を行った住宅に係る固定資産税の軽減措置が2年延長されます。

解説

○耐震改修・バリアフリー改修・省エネ改修工事を行った翌年の固定資産税の一定割合が減額になります。

	減額割合
耐震改修	工事完了翌年度の固定資産税額の 1／2 減額
バリアフリー 改修	工事完了翌年度の固定資産税額の 1／3 減額
省エネ改修	工事完了翌年度の固定資産税額の 1／3 減額

○本年度の税制改正においては、上記の適用期間を2年延長となります。

	【改正前】	【改正後】
適用期限	令和2年3月31日まで	令和4年3月31日まで

実務上の留意点

適用対象となる工事であることと減額のための申告書の提出等が必要になります。

4. 法人課税

（1）オープンイノベーションを促進するための税制措置の創設
減税

改正のポイント

○新しい技術・ノウハウを持つ一定のベンチャー企業への出資に対し、出資の一定額の所得控除を認める措置が新たに設けられます。

○法人住民税及び法人事業税についても同様の取扱いとなります。

解説

①大法人

特定事業活動（注1）を行う青色申告法人（対象法人）が令和2年4月1日から令和4年3月31日までの間に特定株式を取得し、取得日を含む事業年度末まで有している場合において、取得価額の25％以下の金額を特別勘定の金額として経理したときは、その事業年度の所得金額を上限に、その経理した金額の合計額を損金算入することができます。

②中小企業者

対象法人が上記と同様の期間中に特定株式を取得し、取得日を含む事業年度末まで有している場合には、取得価額の25％の所得控除ができます。

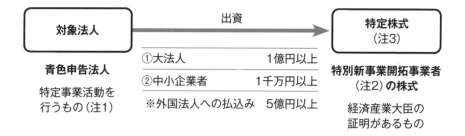

対象法人	出資	特定株式（注3）
青色申告法人 特定事業活動を行うもの（注1）	①大法人　　　　　　　　1億円以上 ②中小企業者　　　　　　1千万円以上 ※外国法人への払込み　5億円以上	特別新事業開拓事業者（注2）の株式 経済産業大臣の証明があるもの

（注1）特定事業活動法人とは自らの経営資源以外の経営資源を活用し、高い生産性が見込まれる事業を行うこと又は新たな事業の開拓を行うことを目指す株式会社等。

（注2）特別新事業開拓事業者とは産業競争力強化法の新事業開拓事業者で、特定事業
　　　活動に資する事業を行う内国法人（既に事業を開始している設立後10年未満の
　　　もの）、又はこれに類する外国法人で、払込金額が大法人1億円以上など一定
　　　の要件を満たすもの。

（注3）資本金の増加に伴う払込みにより交付されるもの。

実務上の留意点

　取得日から5年以内に特定株式を譲渡等した場合には、事由に応じた金額を益金に
算入しなければなりません。

適用時期

　令和2年4月1日から令和4年3月31日までの間に特定株式を取得した場合に適用さ
れます。

▶オープンイノベーション税制

　経済成長を促す施策に重点を置いたベンチャー企業への投資促進税制です。

　我が国が革新的な経済成長をするためには、イノベーションを引き起こすようなス
タートアップ企業への投資を促さなければならないことは言を俟ちません。

　しかしながら、ベンチャー企業は開発に必要な資金を潤沢に持っているわけではな
く、その一方、既存企業は稼得した利益を内部留保金として貯めこむだけでその有効
な活用策を見出せないでいます。

　内部留保金を活用できないでいる既存大企業とイノベーションを引き起こす力はあ
るが資金がないベンチャー企業を税制で結びつけるものです。

　そこで、大企業が自社で持たない技術やビジネスモデルを保有するベンチャー企業
に対して内部留保資金を活用してM＆Aしたときに法人税の負担を減らす措置を講ず
ることとしました。

　既存企業が異業種の新興企業と連携し、革新的な技術やサービスの開発を進めるこ
とを支援するものです。

　これまでの設備投資減税では内部留保が投資に回ってこないという反省のもと、ベ

ンチャー企業への投資金額の25%相当額の損金算入を認めるという思い切った措置を講じました。

　既存企業が自前主義の組織運営から脱し、開放型の組織運営に転換することも働きかける意図も含まれています。

オープンイノベーション促進税制の要件
[事業会社の要件]
　ベンチャー企業に直接又はCVCを通じて出資を行う国内の事業会社
　※CVCとは、投資を本業としない事業会社が、自社の事業分野とシナジーを生む可能性のあるベンチャー企業に対して投資を行うことや、そのための組織を指す。特定期間中（5年間）の報告義務あり。

オープンイノベーション性の要件
　出資対象となるベンチャー企業が事業会社にとっての革新性を有すること
　事業会社のビジネス変革に寄与する可能性のあること

ベンチャー企業の要件
　設立後10年未満の株式会社
　非上場企業であること
　事業会社の企業グループに属していないこと
[対象期間]
　令和2年4月1日から令和4年3月31日までの出資に適用する。

解説

　大企業とスタートアップ企業の協業を促す税制優遇を打ち出しました。

　大企業が設立10年未満の非上場企業に1億円以上の出資をした場合に出資額の25%以下の金額を所得から差し引く措置です。

　外国法人への払込みの場合は5億円以上の出資。

　投資会社による出資は認めない。

　社内に研究者を囲い込む現状を変えるため欧米の社外ベンチャー型のオープンイノ

ベーションを日本にも持ち込む。

　短期投資が目的の投資法人を対象から除外した。

　出資は5年間の保有が義務付けられている。

【特別勘定を取り崩して、益金算入となる場合】

・ 経済産業大臣の確認（オープンイノベーション性等の 基準に適合することの証明）
　が取り消された場合

・ 株式の全部又は一部を有しなくなった場合

・ 配当を受けた場合

・ 株式の簿価を減額した場合

・ 発行会社が解散した場合

・ 出資法人が解散した場合

・ 特別勘定の金額を任意に取り崩した場合

　ただし、特定株式の取得から5年を経過した場合は益金算入する必要はありません。

▶中小企業におけるオープンイノベーションに係る措置の創設

　中小企業者で対象法人に該当するものが、令和2年4月1日から令和4年3月31日までの間に1,000万円以上を払い込んで特定株式を取得した場合は、その取得価額の25%の所得控除ができます。

　対象法人及び特定株式並びに取崩し事由は大企業の場合と同様です。

（2）5G（第5世代移動通信システム）

減税

改正のポイント

○特定高度情報通信用認定等設備を取得した場合、特別償却又は税額控除ができる制度が創設されました。

○取得価額の30%の特別償却と15%の税額控除の選択適用ができます（ただし、当期法人税額の20%を上限とする）。

解説

対象法人　特定高度情報通信等システムの普及の促進に関する法律の制定を前提として、青色申告法人で一定のシステム導入を行う同法の認定特定高度情報通信等システム導入事業者に該当するものをいう。

対象設備　特定高度情報通信用認定等設備の取得をして国内にある事業の用に供した場合のその設備で、一定のシステム導入の用に供するための一定のものをいう。

対象期間　特定高度情報通信等システムの普及の促進に関する法律の施行の日から令和4年3月31日までの間。

実務上の留意点

　特定高度情報通信等システムとは安定的に供給されるもので主務大臣の確認を受けること。

適用時期

　特定高度情報通信等システムの普及の促進に関する法律の施行の日から令和4年3月31日まで。

▶5G導入促進税制

5Gとは次世代つまり第５世代移動通信システムのことです。

5Gは自動運転する自動車や遠隔医療サービスなどを支える基盤です。

我が国は米中などに比べて5G開発に遅れを取っていることから基盤整備を加速させる税制を講じ、日本の経済力をより一層高める狙いがあります。

この減税措置は２年間の限定で、短期間で集中的に5G基盤整備を進める考えです。

次のとおり課税の特例が措置されることとなりました。

①特定高度情報通信用認定等設備を習得した場合の特別償却又は税額控除

　主務大臣の認定確認を受けた設備投資に適用されます。

②特定高度情報通信等技術活用システム導入計画の認定

　主務大臣の認定基準

　　安全性と信頼性が担保されていること。

　　供給の安定性が確保されているもの。

③課税の特例

　主務大臣の確認基準

　　適切な供給及び早期の普及に関する確認基準を設けている。

対象設備　：特定高度情報通信用認定等設備（送受信装置、アンテナ）。

　　　　　　　全国5Gは、開設計画の前倒し分の基地局が対象である。

　　　　　　　システムを構築する上で重要な役割を果たす高度なもの。

特例の内容：30％の特別償却又は15％の税額控除。

　　　　　　　ただし、法人税額の20％を上限とする。

特例の期間：特定高度情報通信用等システムの普及の促進に関する法律の施行の日から令和４年３月31日までの２年間に設備を取得して国内にある事業の用に供した場合に適用される。

ローカル5G

企業が地域や工場などの建物を限定して整備したローカル5G認定設備に対して特別償却か税額控除をする。

住友商事とジェイコム東京は基地局を早期に整備するために港区と協定を結んだ。複数の携帯電話会社が共同で使える基地局を整備する。

対象設備：特定高度情報通信用認定等設備（送受信装置、アンテナ、通信モジュールなど）。

内容：設備投資額の30パーセントの特別償却か15%の税額控除。
　　　ただし、税額控除は法人税額の20%を上限とする。

解説

第４次産業革命とも呼ばれる社会基盤インフラの整備が5Gの通信システムです。

高速・大容量通信がもたらすインパクトは経済、安全保障その他あらゆる分野に大きな影響をもたらします。

このため政府は、携帯電話大手や通信機器メーカーが5Gの整備計画を前倒しで実施するよう税制で誘導することとしました。

ドコモ、KDDI、ソフトバンク、楽天の通信４社で令和６年までに１兆６千億円の投資を予定していますが早期に基盤整備をする必要があることから、令和４年までの前倒し分に適用することとしています。

▶経済安全保障への対応策

米中貿易摩擦にどう対応するかも重要な課題である。

5Gサービスとは高速・大容量の次世代通信規格国内では令和２年の春から始まる。

5Gサービス対応のスマホや基地局の整備では韓国や中国が先行している。5Gの通信網整備を促す減税策で、中国などを念頭に置いた経済安全保障視点を取り入れた。安全性の高い事業者を政府が認定する。米国はファーウェイ製品の排除を求めている。

総務省は5G、巨大IT企業の台頭や中国政府によるデジタル戦略の急速な進展に対応して、令和２年夏までにデジタル関連の新部署を３室新設する。

経済や技術面だけではなく、安全保障上も情報通信の戦略の重要性が高ま

っていることが背景にある。

デジタル国際戦略室…安全保障や国際ルールへの対応を担う。

デジタル経済推進室…5Gインフラの国内整備を支援する。

デジタル企業行動室…スマートフォン決済の統一規格など国内の調整役。

▶ローカル5G

　ローカル5G無線局に係る総務大臣認定の免許を受けた者が新たに取得した3億円以下のローカル5G導入設備で主務大臣の確認を受けた場合の固定資産税について、課税標準を最初の3年間価格の2分の1とする特例措置を令和4年3月31日まで講ずることとされました。

［参考］

▶国際課税の原則→デジタル経済にどのように対応していくか

　国際課税の原則は「PEなければ課税なし」です。

　ところがGAFAに代表される巨大IT企業はPEのないところで収益を上げていることから、現行の国際課税の原則では課税することができず、いわば、デジタル経済の進展に税制が追いついていないという状況になっています。

　GAFAが日本で利益を上げても日本では課税できません。

　膨大な消費者がいるにもかかわらず、PEがないため課税できないのです。

　巨大IT企業は伝統的な20世紀型の物理的拠点PEで収益を上げるというビジネスモデルではなく、PEの有無と関係なくデータで収益を上げており、したがってそもそもPEを必要としません。結果的に伝統的な国際課税の課税の網をくぐり抜けていることになっています。

　しかしながら巨大IT企業だけを課税のターゲットにするということはできず、巨大IT企業のみならず、グローバルに活動しグローバルに収益を上げているグローバル企業の税負担率の計算方法をどうするかが各国に課せられた大きな課題となっています。

▶OECDの新たなルール策定

　OECDはデータ経済の進展を受けたデジタル課税について新たな課税ルールを策定する方針を示しています。

　OECDは①PEの課税根拠の見直しと②法人実効税率の最低水準の設定の二つの柱があると考えています。

1．課税根拠の見直し

　IT課税について、物理的拠点がなくても課税できるようにする。

　利益は拠点から得られるのではなく、ブランドなどの無形資産から得られるものと位置付けられています。

①インターネットを通じて、国を超えて消費者向けにサービスを提供する多国籍企業を課税の対象とする。

②売上高や営業利益で客観的に対象を決める一方、売上高に対する営業利益の割合が高い企業、例えば10％を超える企業を対象とすることにより、IT課税に特化する。

③10％を超える部分の利益を無形資産から発生した超過利益とみなし、売上高に応じて各国に配分して課税標準とする。

2．法人実効税率の最低水準の設定

　世界各国の法人税について最低税率を設定し、企業の海外子会社の税負担率が最低税率を下回ればその分の所得を親会社に合算して本国の税務当局が追加課税をするという考え方です。

　低税率国に拠点を置く巨大ITに適切な税負担を求めるために、新たに設定する最低水準税率を下回る国の子会社の利益を親会社の所得に合算します。

　高税率A国に本社、低税率B国に子会社、A国からB国に多くの利益を移し、B国税率が最低税率水準を下回っている場合、A国本社の利益に合算して課税するというものです。最低税率は10％になる見込みです。

　ただし、通常の経済活動を行うIT以外の日本企業も対象になる可能性があることから、我が国にとって不利とならないよう、同じグローバル企業でも日本の製造業とIT企業は収益の稼得方法が異なるので不公平にならないようにすることを強く主張しています。

（3）大企業の研究開発税制他一定の税額控除の要件見直し

改正のポイント

○大企業が研究開発税制その他生産性の向上に関連する税額控除を受けるための要件が厳格化されます。

○本措置の対象に「特定高度情報通信用認定等設備を取得した場合の特別償却又は税額控除制度の税額控除制度（仮称）」の税額控除が加えられます。

いわゆる５G設備を取得した場合の税額控除も対象となっています。

解説

○大企業については、従前は国内設備投資額が当期償却費総額の10％を超えることを要件としていましたが、30％超に引上げられます。

	【改正前】	【改正後】
税額控除要件	次の要件のいずれにも該当しない場合（その事業年度の所得金額が前事業年度の所得金額以下である場合を除きます）には、適用できません。 ①継続雇用者給与等支給額 　＞継続雇用者比較 　　給与等支給額 ②国内設備投資額 　＞当期償却費総額×**10%**	次の要件のいずれにも該当しない場合（その事業年度の所得金額が前事業年度の所得金額以下である場合を除きます）には、適用できません。 ①継続雇用者給与等支給額 　＞継続雇用者比較 　　給与等支給額 ②国内設備投資額 　＞当期償却費総額×**30%**

※大企業とは、期末資本金の額又は出資金の額が1億円超の法人その他一定の法人を指します。

（４）大企業の給与等引上げ及び設備投資を行った場合等の税額控除要件の見直し

増税

改正のポイント

○青色申告法人が給与等の引上げ、設備投資を行った場合の税額控除について、設備投資額の要件が厳格化されます。

解説

○大企業に対する賃上げ及び投資促進税制の税額控除を受けるためには国内設備投資額を増加させることが必要です。

	【改正前】	【改正後】
適用要件	次の（1）～（3）までの要件を満たしている必要があります。 ①雇用者給与等支給額 　＞比較雇用者給与等支給額 ② $\dfrac{\text{継続雇用者給与等支給額} - \text{継続雇用者比較給与等支給額}}{\text{継続雇用者比較給与等支給額}} \geqq 3\%$ ③国内設備投資額 　≧当期償却費総額×90%	次の（1）～（3）までの要件を満たしている必要があります。 ①雇用者給与等支給額 　＞比較雇用者給与等支給額 ② $\dfrac{\text{継続雇用者給与等支給額} - \text{継続雇用者比較給与等支給額}}{\text{継続雇用者比較給与等支給額}} \geqq 3\%$ ③国内設備投資額 　≧当期償却費総額×95%

※大企業とは、期末資本金の額又は出資金の額が1億円超の法人その他一定の法人を指します。

▶大企業の租税特別措置（特定の税額控除規定）の適用要件の見直し

１．大企業が研究開発税制ほかの税額控除を受ける要件、《国内設備投資額＞当期償却費総額×10％》が《国内設備投資額＞当期償却費総額×30％》と改められます。

　設備投資額の増加を求めたものであり、ここでも内部留保利益を投資に充てることを求めています。

　大事なことは、税額控除不適用措置の対象に、5G導入認定等設備も加えられているということです。

　《国内設備投資額＞当期償却費総額×30％》を満たすことができなければ、5G特定高度情報通信用認定等設備の税額控除もできないこととなります。

　改正後の要件を満たさない場合に不適用となる税額控除は、研究開発税制、地域未来投資促進税制、5G導入促進税制の税額控除です。

２．又、賃上げ及び投資促進税制についても、国内設備投資額≧当期償却費総額×95％と見直しがされました。

（5）連結納税制度の見直し①

改正のポイント

○下記を主な趣旨として連結納税制度が見直され、グループ通算制度への移行が行われます。

　・連結納税制度では連結グループを一つの納税単位として申告するため、法人間の連絡・調整や、グループ調整計算、修正・更正が生じた場合の再計算等により、企業や課税庁の事務負担が過重となっており、この負担を軽減する。

　・時価評価課税及び欠損金の利用制限等における組織再編税制との整合性を確保し、課税の中立性を確保する。

解説

（1）制度の基本的な仕組み

	連結納税	グループ通算制度
①適用法人・ 　適用方法	下記②・③を除き、基本的に同様	
②申告を行う法人 　（納税単位）	親法人 （グループ全体が 一つの納税単位）	親法人及び各子法人 （各法人それぞれが納税単位）
③申請・承認・ 　却下・取消等	青色申告の承認を 前提としない （連結法人は対象外）	青色申告の承認を前提とする
④連帯納付	あり	あり
⑤e-taxの利用	任意 （親法人の資本金が 1億円超の場合、 令和2年4月1日以後 開始事業年度においては義務）	義務

令和4年4月1日以後開始する事業年度より適用となります。

又、連結納税からの移行に関する経過措置等が講じられます。

（5）連結納税制度の見直し②

（2）損益通算及び欠損金の通算

　①損益通算

　　　　欠損法人の欠損の合計額（所得法人の所得合計額を限度）を所得法人の所得
　　　の比で配分し、所得法人において損金算入する。又、この損金算入された金額
　　　の合計額を欠損法人の欠額の比で配分し、欠損法人において益金算入する。

　②欠損金の通算

　　　　欠損金の繰越控除額の計算について、控除限度額は通算グループ内の各法人
　　　の欠損金の繰越控除前所得の50％相当額（中小法人等については、所得の金額）
　　　の合計額とし、控除方法は連結納税と同様とする。

【損益通算のイメージ】

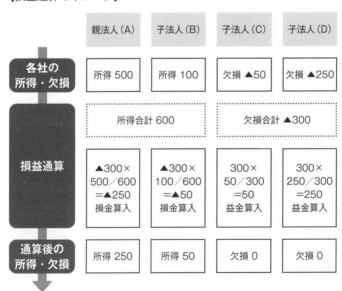

〈112〉

（5）連結納税制度の見直し③

③所得の金額又は欠損金額が、修正・更正等により期限内申告書に記載された金額
と異なることとなる場合でも、原則として再計算は行わない（影響を遮断する）。

④欠損金の繰越期間に対する制限を潜脱する等のため、あえて誤った当初申告を行
うなど法人税の負担を不当に減少させる結果となると認めるときは、税務署長は
上記③を適用しないことができる（再計算できる）。

【損益通算のイメージ】

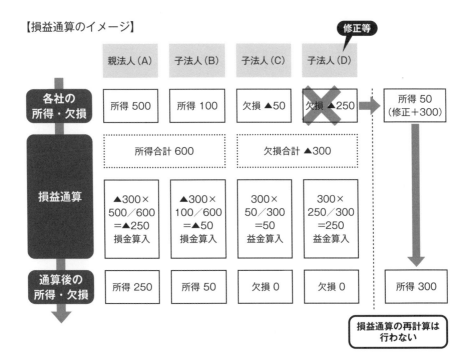

（5）連結納税制度の見直し④

(3) グループ通算制度の適用開始、通算グループへの加入及び通算グループからの離脱

　①グループ通算制度の適用開始、加入又は離脱の際のみなし事業年度について、基本的に連結納税制度と同様とする。

　②開始・加入時の時価評価・欠損金の持込み等について組織再編税制と整合性が取れた制度とする。

	連結納税制度	グループ通算制度		組織再編税制
時価評価なし 欠損金の全部持込み	[開始] ・5年超の完全支配関係があるもの ・設立後、完全支配関係が継続しているもの ・開始5年前以降に適格合併等をした際に、被合併法人等が5年超の完全支配関係を有する場合の完全子法人等 [加入] ・グループ内の法人により設立された法人 ・適格株式交換に係る完全子法人 ・適格合併等により加入した子法人のうち、被合併法人等が5年超の完全支配関係を有する完全子法人等	[開始] ・親法人との間に完全支配関係の継続が見込まれる子法人 ・いずれかの子法人との間に完全支配関係が見込まれる親法人 [加入] ・適格株式交換等により加入した株式交換等完全子法人 ・通算グループ内の新設法人 ・適格組織再編成と同様の要件として一定の要件の全てに該当する法人	左記のうち、 ・支配関係が5年超のもの 又は ・共同事業性があるもの	適格組織再編のうち、 ・支配関係が5年超のもの 又は ・共同事業性があるもの
時価評価なし 欠損金の一部切捨て等			左記のうち、 ・支配関係が5年以内のもの かつ ・共同事業性がないもの	適格組織再編のうち、 ・支配関係が5年以内もの かつ ・共同事業性がないもの
時価評価あり 欠損金の全部切捨て	・完全支配関係が5年以内のもの ・非適格組織再編又は再編以外の方法によるもの	上記以外のもの		非適格組織再編

令和元年8月27日　連結納税制度に関する専門家会合提言から抜粋

▶連結納税制度の見直しについて

　現行制度は各法人の税務情報を連結グループ内で集約し、一体としてまとめて申告するとともに、各法人の個別帰属額を記載した書類も提出することとなっているため、連結法人間での連絡・調整が複雑で、連絡グループ内の一法人が所得計算を間違えた場合、連結グループ内の全法人について再度調整計算を行う必要がある。後発的に修正事由が生じた場合、その修正に要する納税者及び課税庁の事務負担が過重となっている。

　各法人を納税単位として各法人が個別に課税所得金額及び法人税額を計算して申告する制度とした上で、別途企業グループ内での損益通算等を可能とする方法も採り得ることを意味している。

　見直し後の制度は、企業グループ全体を一つの納税単位とする制度に代えて、法人格を有する各法人を納税単位として、課税所得金額及び法人税額の計算及び申告は各法人がそれぞれ行うこと（以下「個別申告方式」という。）を基本とすることが適当と考えられる。同時に企業グループの一体性に着目し、課税所得金額及び法人税額の計算上、企業グループをあたかも一つの法人であるかのように捉え、損益通算等の調整を行う仕組みとすることが適当と考えられる。

新たな制度（グループ通算制度（仮称））の基本的な仕組み

1　適用対象

　グループ通算制度（仮称）は、各法人それぞれを納税単位とする個別申告方式とし、法人ごとに課税所得金額及び法人税額を計算することが適当である。

　損益通算については、企業の経営形態の選択に対する中立性等の観点から、引き続き、個別申告方式を行う制度とすることが適当である。

　損益通算を行うことができる企業グループについては、法人による完全支配関係があることを要件とすべきである。

2　課税所得金額及び法人税額の計算

　企業グループ内の法人が繰越欠損金を有している場合には、その繰越欠損金につい

〈116〉

てもその企業グループ内の法人間で共同利用することとする。

　損益通算の方法については、各欠損法人の欠損金及び企業グループ内の繰越欠損金の額を各有所得法人の所得金額等の比で配賦するプロラタ方式が考えられる。

　各法人の個別申告を前提とした場合、企業グループ内の一法人が欠損金を他の法人に使用させていた場合で、修更正によりその法人に所得が発生した際、追徴税額を全て納付できない場合が生じてしまうケースが考えられる。

　このため、企業グループ内の各法人が一体となって納税する責任を負うこととし、連帯納付責任を負うこととすることが考えられる。

3　時価評価課税及び欠損金の制限

（1）基本的考え方

　現行制度においては、連結納税の開始又は連結グループへの加入に際して、原則として、開始時の子法人及び加入法人の資産の評価益・評価損の計上を行うとともに、開始・加入前に生じた子法人の欠損金は利用が制限されている。

　新たな制度においても、租税回避防止等の観点も踏まえ、一定の場合は、開始又は加入に際して資産の時価評価課税及び欠損金の利用制限は必要と考えられる。

（2）時価評価課税の対象となる法人（欠損金の利用制限）

　現行制度では、完全支配関係が5年以内の完全子法人と連結納税を開始する場合や非適格組織再編成又は組織再編成以外の取引により完全子法人化して連結グループに加入した場合等に、時価評価課税の対象とし、欠損金の利用を制限することとしている。一方、組織再編税制では、非適格組織再編成が譲渡損益課税の対象とされている。

　グループ通算制度（仮称）においては、租税回避の防止の観点を踏まえつつ組織再編税制との整合性を図るため、次の法人を時価評価課税の対象とし、欠損金の利用を制限する。

　　①開始時のグループ法人で、完全支配関係がある法人間の適格組織再編成と同様の要件（完全支配関係の継続要件）に該当しないもの

　　②非適格組織再編成により加入した再編当事者

　　③再編当事者以外の加入法人で、適格組織再編成と同様の要件（親法人との間

の完全支配関係の継続要件、従業者継続要件及び事業継続要件等）に該当し
ないもの

（3）時価評価課税の対象外となる法人

上記（2）で時価評価課税の対象となる法人に該当しないものは、時価評価課
税の対象外とする。具体的には以下のとおり。

①開始時のグループ法人で、完全支配関係がある法人間の適格組織再編成と同
様の要件（完全支配関係の継続要件）に該当するもの

②適格組織再編成により加入した再編当事者

③再編当事者以外の加入法人で、適格組織再編成と同様の要件（親法人との間
の完全支配関係の継続要件、従業者継続要件及び事業継続要件等）に該当す
るもの

④グループ内の新設法人

イ　含み損益の実現時に利用制限がある法人（欠損金は一部利用制限）

組織再編税制では、支配関係が5年以内であり、かつ、共同事業性
がない場合に、実現した含み損の利用を一部制限するとともに、支配
関係前に生じた欠損金等の利用を制限することとしている。このため、
グループ通算制度（仮称）においても、上記①〜③のうち、親法人と
の間の支配関係が5年以内であり、かつ、共同事業性がないものにつ
いて、後掲（5）のように含み損益の利用を一部制限するとともに、
支配関係前に生じた欠損金等の利用を制限すること等を行う。

なお、共同事業要件については、企業グループ内のいずれか一の法
人との間で共同事業性があるかどうかにより判定する。

おって、開始時の親法人についても、同様の取扱いとする。

ロ　含み損益の実現時に利用制限がない法人（欠損金も持込み可能）

上記①〜③のうち、上記イに該当しない（親法人との間の支配関係
が5年超あるか、又は共同事業性がある）もの及び上記④は、制限なく、
含み損益を利用できることとするとともに、欠損金の持込みについて
も制限しないこととする。

（4）親法人の取扱い

現行制度では、親法人の欠損金は制限なく連結グループに持ち込んで連結所得

金額から控除することができることとされているほか、一定の場合に限り、連結納税開始前又は連結グループ加入前の子法人の欠損金を連結グループに持込み可能とし、その子法人の所得の範囲内でのみ繰越控除ができることとされている（欠損金の繰越控除を自己の所得の範囲内に限定することを、以下「SRLYルール」という。）

　グループ通算制度（仮称）においては、前述のとおり個別申告方式とすることを前提とすると、

　①法人格を有する各法人が納税義務者となること。

　②親法人において集約して申告を行わないため、現行の連結納税制度に比べて、新制度へ移行しやすくなることから恣意的な税負担の調整を行うおそれが大きくなること。

　③欠損法人を親法人に仕立て上げることにより子法人のSRLYルールが実質的に機能しなくなるおそれがあること。

　以上の３点から、開始・加入前の欠損金については、子法人に限らず、親法人も含めて自己の所得の範囲内でのみ繰越控除することができる制度とすることが考えられる。

　他方、一般的に親法人はグループ経営に特有の機能を担う等の負担が大きいので、グループ通算制度（仮称）においても、欠損金を制限なく企業グループの所得から控除できるようにすることも考えられる。

（5）公平・公正な税負担

　含み損益の利用が制限される場合等については、以下のとおり取り扱うことが適当である。

①含み損益の利用制限、欠損金の一部利用制限等

　含み損の実現損を利用した恣意的な税負担の調整を防止するため、組織再編税制との整合性を取る観点から、加入後の特定資産譲渡等損失額については損金不算入とする方向で検討することが考えられる。

　含み益についても、含み益のある資産を譲渡して含み益を実現させ、その譲渡した法人の株式について投資簿価修正を行った後、その株式を売却することで、他の株式譲渡損と相殺することによる租税回避などの問題が生ずるので、恣意的な税負担の調整を防止する観点から、上記のような含み益の実現益は、

投資簿価修正の対象から除くなどの方向で検討することが考えられる。

　また、欠損金を利用した恣意的な税負担の調整を防止する観点から、親法人との間に支配関係が生じた事業年度前に生じた欠損金の利用を制限することとし、親法人との間に支配関係が生じた事業年度前から有する資産の加入前の実現損から成る欠損金の利用を制限する方向で検討することが考えられる。

　さらに、(3)イのうち構造的に損失（償却費等）が発生する事業を行う法人については、損失を利用した恣意的な税負担の調整を防止する観点から、加入後に発生した欠損金については、損益通算の対象外とした上で、SRLYルールを適用する方向で検討することが考えられる。

　なお、利用制限の期間や具体的な適用要件については、公平・公正な税負担の観点から今後検討する必要がある。

②離脱時の時価評価等

　現行制度では、連結グループを離脱する法人はその資産を帳簿価額のままで持ち出すことができるが、組織再編税制では、非適格となる組織再編成を行った場合には、移転させる資産・負債について時価譲渡として取り扱われている。

　例えば、新制度適用後の企業グループから、含み損のある資産を有する法人が離脱する場合、①その企業グループ内法人は、離脱する法人の株式を売却することによる譲渡損を計上することができ、また、②離脱した法人は離脱後にその資産の含み損（譲渡損）を実現させ、自己の所得から控除することができることとなる。

　グループ内法人の離脱を利用した株式や資産等を利用した損失の2回控除について、アメリカにおいては、これを租税回避とし、これを防止するための累次の規則改訂が行われてきた。

　このような損失の2回控除を防ぐため、新制度適用後の企業グループから離脱する法人が、その行う事業について継続の見込みがないなどの場合には、離脱時にその法人の資産を時価評価させることとし、その評価損益を投資簿価修正の対象とするなどの方法により対処することが適当と考えられる。

③包括的な租税回避行為防止規定

　グループ通算制度の活用にあたり、例えば欠損金の繰越期間に関する制限を人為的に回避するなどの租税回避行為が想定される。

このほかにも一連の行為の中で損益通算等の要素を利用するなど多様な租税回避行為が想定されるため、現行制度と同様、包括的な租税回避行為防止規定が必要である。

（6）地方拠点強化税制の見直し

減税

改正のポイント

①地方活力向上地域等において、特定建物等を取得した場合の特別償却又は税額控除
制度の適用期限が２年延長されます。オフィス減税

②地方活力向上地域等において雇用者の数が増加した場合の税額控除制度の適用期限
が２年延長されます。雇用促進税制

③既存施設におけるオフィス環境の整備を特定業務施設の整備とみなします。

解説

（1）オフィス減税。

[対象となる建物]

取得価額2,000万円以上

中小企業者は1,000万円以上

【特別償却】		【税額控除】
拡充型 15%	又は	4％
移転型 25%	又は	7％

（2）雇用促進税制における 「給与等支給額が比較給与等支給額以上であること」との
要件を廃止します。

【税額控除限度額】

　対象雇用者数から有期雇用又はパートタイムである新規雇用者数を除外し、雇用
者の増加割合にかかわらず、次の金額の合計額とします。

①30万円（移転型事業は50万円）×地方事業所基準雇用者数（※1）（※3）

特定事業施設における無期雇用かつフルタイムの新規雇用者数につき１人当たり拡
充型は30万円、移転型は50万円

②20万円（移転型事業は40万円）

　　×｛地方事業所基準雇用者数（※3）－新規雇用者総数（※2）｝

特定事業施設の雇用者増加数から同施設における新規雇用者数を控除した数につき１人当たり拡充型は20万円、移転型は40万円

（※1）無期雇用かつフルタイムの要件を満たす新規雇用者数を上限とします。

（※2）地方事業所基準雇用者数を超える部分を除きます。

（※3）増加雇用者数を上限とします。

移転型の上乗せ措置

【地方事業所特別税額控除限度額】

次の金額×地方事業所特別基準雇用者数（特定業務施設に係る地方事業所特別基準雇用者数）

	【改正前】	【改正後】
下記以外の場合	30万円	40万円
特定業務施設が準地方活力向上地域（近畿圏及び中部圏の中心）内にある場合	20万円	30万円

（3）地方活力向上地域等特定業務施設整備計画に係る認定要件のうち、特定業務施設の整備に関する要件について、既存施設におけるオフィス環境の整備（事務機器の増設等）を特定業務施設の整備とみなします。

▶地方拠点強化税制の見直し

［地方拠点強化税制の概要］

本社機能を

　　⇨地方で拡充する場合

　　⇨東京23区以外から地方に移転する場合

　　⇨東京23区から地方に移転する場合等

に税制等の支援措置を受けることができます。

　本社機能とは、①調査企画、情報処理、研究開発、総務・人事などの業務のために使用される事務所、②研究所、③研修所をいいます。

税制等の支援措置を受けるための要件とは？

都道府県知事から整備計画の認定を受けること。

本社機能事務所を新設・増設する場合は建物の着工までに認定を受けること。

賃借の場合は賃貸借契約締結の前までに認定を受けること。

「拡充型事業」又は「移転型事業」を行う場合が認定対象です。

◆拡充型事業：地方で本社機能を拡充する場合などが該当します

・ 地方に本社を置く企業が、その本社を増築する場合

・ 東京23区以外の地方都市に本社を置く企業が本社機能の一部を別の地方都市に移転する場合

・ 地方都市において、新しく起業するために本社を整備する場合

◆移転型事業：東京23区から地方に移転する場合

・ 本社機能を東京23区から地方（首都圏の一部地域以外の地域）に移転する場合

・ 東京23区に本社を置く企業が、地方都市に本社を移転する場合

・ 地方にある主力生産工場に研究所を建設し、東京23区の本社から研究開発機能を移転する場合

・ 東京23区に本社を置く企業が、地方都市に本社の一部を移転するためにサテライトオフィスを設置する場合

主な支援措置

建物等を取得した場合に、設備投資減税（オフィス減税）措置を受けることができます。

新たに従業員を雇い入れた場合等に、雇用促進税制の減税措置を受けることができます。

設備投資減税（オフィス減税）と雇用促進税制は同一事業年度で選択適用です。

［設備投資減税］

特定建物等を取得した場合の特別償却又は税額控除　再掲

【現行】

措置対象：オフィス用の建物、建物付属設備、構築物

取得価額：2,000万円以上（中小企業1,000万円以上）

拡充型　：特別償却15％又は税額控除４％（法人税額の20％を上限）

移転型　：特別償却25％又は税額控除７％（法人税額の20％を上限）

【改正】

　適用期限が令和４年３月31日にまで２年延長されました。

[雇用促進税制]

　雇用者数が増加した場合の税額控除

基準雇用者数：適用年度終了の日における雇用者の数からその適用年度開始の日の前
　　　　　　　日における雇用者（高年齢雇用者を除く）の数を減算した数をいいま
　　　　　　　す。つまり、適用年度中に増加した雇用者数です。

地方事業所基準雇用者数：適用年度開始の日から起算して２年前の日からその適用年
　　　　　　　　　度終了の日までの間にこの地方活力の施設整備計画の認定
　　　　　　　　　を受けた法人の認定特定業務施設のみをその法人の事業所
　　　　　　　　　とみなした場合における基準雇用者数。

地方事業所特別基準雇用者数：適用年度開始の日から起算して２年前の日からその適
　　　　　　　　　　用年度終了の日までの間に移転型計画の認定を受けた
　　　　　　　　　　法人の適用年度以前の各事業年度のうち、その認定日
　　　　　　　　　　以後に終了する各事業年度のその法人が地方活力向上
　　　　　　　　　　地域に移転して整備した特定業務施設のみをその法人
　　　　　　　　　　の事業所とみなした場合の基準雇用者数。この制度の
　　　　　　　　　　雇用者とは雇用保険の一般被保険者をいいます。

拡充型・移転型の特例措置の内容　再掲

【現行】

　一定の適用要件のもとに、

拡充型：地方の事業所における増加雇用者１人あたり30万円、法人全体の雇用増加
　　　　率が８％以上の場合は60万円の税額控除（無期、フルタイムの新規雇用者の
　　　　増加数で法人全体の雇用者増加数が上限）。

移転型：拡充型の控除に加えて、法人全体の雇用増加率が５％以上の場合、増加雇用
　　　　者１人あたり30万円を加算して１人当たり90万円の税額控除（上乗せ分は
　　　　最大３年間）を追加する。

　※法人全体又は本社機能の雇用者数が減少した年以降は不適用。

【改正】

　「給与等支給額が比較給与等支給額以上であること」との要件が廃止されました。

　減税対象雇用者とカウントされる雇用者数から有期雇用又はパートタイムである新規雇用者数を除外しました。雇用者の増加割合は問いません。

　非正規ではなく正規の社員を雇用することという政策の表れです。

拡充型：地方事業所基準雇用者数を前提として

30万円×地方事業所基準雇用者数（無期雇用かつフルタイムの新規雇用者数を上限）

20万円×地方事業所基準雇用者数から新規雇用者総数を控除した数（転勤者）

　移転型は　増加正社員については50万円、転勤者については40万円です。

移転型の特例　上乗せ措置

地方事業所特別控除限度額

【現行】

　　30万円×地方事業所特別基準雇用者数

　　特定業務施設が準地方活力向上地域内にある場合

　　20万円×地方事業所特別基準雇用者数

【改正】

　　40万円×地方事業所特別基準雇用者数

　　特定業務施設が準地方活力向上地域内にある場合

　　30万円×地方事業所特別基準雇用者数

　不動産取得税、固定資産税、事業税の免除又は減税措置を受けることができます。

※自治体により対応が異なりますので、必ず移転・拡充先として検討している自治体に確認してください。

地方拠点強化税制に関するガイドライン、Q&A等参照［厚生省HP］。

（7）会社関係制度の見直しに伴う措置①

〇譲渡制限付株式を対価とする費用の特例等の対象となる株式の範囲が拡大されます。

〇定款で過大役員給与の形式基準を定めている場合、法人が役員に対して支給することができる自社株式及び自社新株予約権に上限数を定めている場合の限度額を定められた上限数に支給時等における価額を乗じて計算した金額とすることとされました。

〇法人の支給する役員給与における業績連動給与の手続きに係る要件について、見直しが行われます。

改正内容	【改正前】	【改正後】
税制措置の対象となる特定譲渡制限付株式の要件	次の①〜④の各要件を全て満たす。 ①一定期間の譲渡制限が設けられている株式であること ②法人により無償取得（没収）される事由として勤務条件又は業績条件が達成されないこと等が定められている株式であること ③役務提供の対価として役員等に生じる債権の給付と引換えに交付される株式であること ④役務提供を受ける法人又はその関係法人の株式であること	左記の株式の対象に、株式と引換えにする払込み又は給付を要しない場合の株式が追加されます。
自社株式及び新株予約権に上限を定めている場合の役員報酬の上限額	規定なし	支給時等における価額 ×定款等に記載された上限数 ※定款等により役員に対して支給することができるその法人の株式又は新株予約権の上限数を定めている場合に限る。

（7）会社関係制度の見直しに伴う措置②

〇業績連動給与の手続要件のうち、親法人の業務執行者等の範囲が見直されます。

項目	詳細
改正対象手続	事業年度開始の日の属する会計期間開始の日から3カ月を経過する日までに、報酬委員会が決定していることその他これに準ずる適正な手続きとして一定の手続きを経ていること
報酬委員会の要件	①業務執行役員が自己の業績連動給与の決定等に係る決議に参加していないこと ②委員の過半数が**独立社外取締役**（※1）であること ③委員である全ての**独立社外取締役**（※1）が業績連動給与の決定に賛成していること
独立社外取締役の定義	社外取締役のうち、次の者のいずれにも該当しないもの ①その内国法人の主要な取引先である者又はその者の業務執行者 ②その内国法人を主要な取引先とする者又はその者の業務執行者 ③**親法人の業務執行者**又は業務執行者以外の取締役 ④その内国法人との間に支配関係がある法人の業務執行者

実務上の留意点

（※1）完全支配関係法人の場合はその完全支配関係法人の独立社外取締役をいう。

▶会社関係制度の見直しを前提に次の措置を講じます

　取締役の個人別の報酬の内容は、取締役会又は代表取締役が決定していることが多いことから、上場会社等の取締役会は、取締役の報酬等を決定する手続き等の透明性

を向上させ、株式会社が業績連動の報酬等をより適切かつ円滑に取締役に付与することができるようにするため、取締役の個人別の報酬等に関する決定方針を定めなければならないこととされました。

又、上場会社が取締役の報酬等として株式の発行等をする場合には、金銭の払込み等を要しないこととするなどの規定が設けられます。

具体的な取締役の個人別の報酬等についての決定の方針、業績連動報酬等の有無及びその内容決定のための方針、取締役の個人別の報酬等の内容決定のための方法（代表取締役に決定を再一任するかどうか等を含む）等は政令で明らかにされます。

最近は業績連動報酬を導入する上場会社が増えてきたことから、その方針を決定し、それを開示させることによって、株主を保護しようというのが法制化の趣旨と考えられます。

・ 上場会社等において、取締役の個人別の報酬の内容が株主総会で決定されない場合には、取締役会は、その決定方針を定め、その概要等を開示しなければならないものとする。（第361条第7項）
・ 取締役の報酬として株式等を付与する場合の株主総会の決議事項に、株式等の数の上限等を加える。（第361条第1項）
・ 上場会社が取締役の報酬として株式を発行する場合には、出資の履行を要しないものとする。（第202条の2，第236条第3項，第4項，第361条第1項，第409条第3項）
・ 事業報告による情報開示を充実させる。

※譲渡制限付き株式とは

法人が個人から役務の提供を受ける場合において、その役務の提供に係る費用の額につきその対価としてその法人又はその法人との間に一定の関係がある法人の特定譲渡制限付株式が交付されたとき（承継譲渡制限付株式が交付されたときを含みます）は、その個人においてその役務の提供につき所得税法その他所得税に関する法令の規定によりその個人の給与所得その他の一定の所得の金額に係る 収入金額とすべき金額又は総収入金額に算入すべき金額を生ずべき事由（以下「給与等課税事由」と いいます）が生じた日においてその役務の提供を受けたものとして、法人税法の規定を適用することとされている株式のことです（法54①）。

（8）「時価の算定に関する会計基準」の導入に伴う見直し

〇「時価の算定に関する会計基準」等が令和元年9月7日に公表されたことに伴い、売買目的有価証券や短期売買商品等の時価評価に関する規定の整備が行われます。

解説

（1）売買目的有価証券の時価評価金額について、下記図表のとおりの見直しを行う。

（2）（1）図表に係る書類の保存
　　合理的な方法により算出した価格について、その方法を採用した理由その他その算定の基礎となる事項を記載した書類を保存しなければならないこととする。

（3）有価証券に係る評価損の計上事由について、価額の著しい低下を評価損の計上事由とする有価証券の範囲を上記（1）図表の有価証券とする等の見直しを行う。

（4）短期売買商品等（仮想通貨を除く）の時価評価金額について、上記（1）図表と同様の見直しを行う。

（5）デリバティブ取引に係る利益相当額又は損失相当額の益金又は損金算入について、未決済デリバティブ取引に係るみなし決済損益額（市場デリバティブ取引等の最終市場価格による授受額を除く）の算定に用いた合理的な方法を採用した理由その他その算定の基礎となる事項を記載した書類を保存しなければならないこととする。

（6）貸倒引当金の対象となる金銭債権から債券を除外する（所得税についても同様とする）。

令和2年4月1日以後終了する事業年度より適用となります。

なお、上記（1）（4）については、令和2年4月1日から令和3年3月31日までの期間内の日を含む各事業年度につき、現行法の規定による評価額によることができる経過措置が講じられます。

▶時価の算定に関する会計基準の導入 （2019年7月4日企業会計基準委員会公表）

売買目的有価証券

時価の変動により利益を得ることを目的として保有する有価証券（売買目的有価証券）については、投資者にとっての有用な情報は有価証券の期末時点での時価に求められると考えられる。したがって、時価をもって貸借対照表価額とすることとした。

市場有価証券以外の有価証券

売買目的有価証券、満期保有目的の債券、子会社株式及び関連会社株式のいずれにも分類できない有価証券（その他有価証券）については、その多様な性格に鑑み保有目的等を識別・細分化する客観的な基準を設けることが困難であるとともに、保有目的等自体も多義的であり、かつ、変遷していく面があること等から、売買目的有価証券と子会社株式及び関連会社株式との中間的な性格を有するものとして一括して捉えることが適当である。

棚卸資産の評価に係る会計基準

トレーディング目的で保有する棚卸資産の評価基準

トレーディング目的で保有する棚卸資産については、時価をもって貸借対照表価額とし、帳簿価額との差額（評価差額）は、当期の損益として処理する。

トレーディング目的で保有する棚卸資産として分類するための留意点や保有目的の変更の処理は、企業会計基準第 10 号「金融商品に関する会計基準」（以下「金融商品会計基 - 6 - 準」という。）における売買目的有価証券に関する取扱いに準じる。

(1) 図表

区分		価格
①取引所売買有価証券		金融商品取引所において公表された事業年度終了の日の最終の売買の価格（その終了の日の最終の売買の価格がない場合には、その終了の日の最終の気配相場の価格とし、そのいずれもない場合には、その終了の日に最も近い日の最終の売買の価格又は最終の気配相場の価格）
②店頭売買有価証券及び取扱有価証券		金融商品取引法第67条の19により公表された事業年度終了の日の最終の売買の価格（その終了の日の最終の売買の価格がない場合には、その終了の日の最終の気配相場の価格とし、そのいずれもない場合いは、その終了の日に最も近い日の最終の売買の価格又は最終の気配相場の価格）
③その他価格公表有価証券		価格公表者によって公表された事業年度終了の日の最終の売買の価格（その終了の日の最終の売買の価格がない場合には、その終了の日の最終の気配相場の価格とし、そのいずれもない場合には、その終了の日に最も近い日の最終の売買の価格又は最終の気配相場の価格）
④上記以外の有価証券	(イ)償還期限及び償還金額の定めのある有価証券（償還期限に償還されないと見込まれる新株予約権付社債その他これに準ずるものを除きます）	事業年度終了のときの帳簿価格（償却原価法を適用した後の金額をいいます）その他その有価証券のそのときにおける価額として合理的な方法により算出した金額
	(ロ)(イ)以外の有価証券	事業年度終了のときの帳簿価格

（9）交際費等の損金不算入制度の延長

増税

改正のポイント

○交際費等の損金不算入制度につき適用期限が2年延長されます。

解説

○接待飲食費に係る損金算入の特例の対象法人から、その資本金の額等が100億円を超える法人が除外されますが、それ以外の法人については、これまでどおりの取扱いが2年延長されます。

	【改正前】	【改正後】
大企業	接待飲食費の額の50％に相当する金額が損金に算入されます。	接待飲食費の額の50％に相当する金額が損金に算入されます。 **ただし、資本金の額等が100億円を超える法人は上記の規定の適用から除外されます。**
中小法人	損金算入額は、下記いずれかの金額となります。 ①交際費等の額うち、飲食その他これに類する行為のために要する費用の50％に相当する金額 ②交際費等の額のうち、800万円に該当事業年度の月数を乗じ、これを12で除して計算した金額	改正前と同様の取扱いが2年延長されます。

※大企業とは、期末資本金の額又は出資金の額が1億円超の法人その他一定の法人を指します。

▶交際費の損金不算入制度

　資本金100億円超の大企業を対象に交際費課税の優遇を廃止し、減税の財源とすることにしました。適用期限はオープンイノベーション減税、5G減税の適用期限と同じ令和4年3月31日です。

　交際費等の損金不算入制度について、接待飲食費に係る損金算入の特例の対象法人からその資本金の額等が100億円を超える法人を除外します。

※接待飲食費に係る損金算入の特例…交際費等のうち飲食のための支出（1人当たり5,000円超分）の50％を損金算入可能とする特例です。

　この損金算入の特例制度は、経済活性化のために平成26年に創設された非課税措置でしたが、大企業では交際費抑制の風潮があり、利用割合が低調だったことから、この度の税制改正で廃止されることとなりました。この財源をオープンイノベーション減税に当てることとなります。

（10）欠損金の繰戻し還付制度の不適用措置の延長

○中小企業者以外の欠損金の繰戻し還付制度は適用が停止されています。当該措置は
　2年延長されます。

○コロナ対策税制（再掲）

　　資本金の額が1億円超10億円以下の法人について青色欠損金の繰戻し還付を受け
　ることが可能となります。

　　令和2年2月1日から令和4年1月31日までの間に終了する事業年度に生じた欠損金
　額について適用されます。

　　ただし、大規模法人（資本金の額が10億円を超える法人など）の100％子会社及び
　100％グループ内の複数の大規模法人に発行済株式の全部を保有されている法人等
　は除かれます。

○認定事業再編事業者における設備廃棄等欠損金額は、これまで欠損金の繰戻し還付
　制度の適用が認められていましたが改正後は、適用が認められなくなります。

解説

○欠損金の繰戻し還付制度の概要

　　青色申告書を提出する事業年度に欠損金額が生じた場合において、その欠損金額
　をその事業年度開始の日前1年以内に開始したいずれかの事業年度に繰り戻して法
　人税額の還付を請求できる制度。

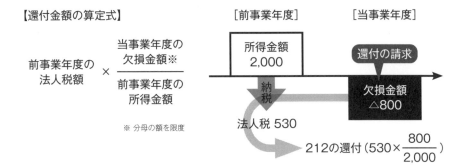

【還付金額の算定式】

前事業年度の
法人税額 × 当事業年度の
欠損金額※
──────────
前事業年度の
所得金額

※ 分母の額を限度

○改正内容の概要

	【改正前】	【改正後】
中小企業者等以外	令和2年3月31日までに終了する各事業年度において生じた欠損金額について適用停止	令和4年3月31日までに終了する各事業年度において生じた欠損金額について適用停止
中小企業者等※1	特例により適用可能	特例により適用可能ただし認定事業再編事業者※2における設備廃棄等欠損金額は適用不可

※1　中小企業者等とは、次のものをいいます。

　　　①普通法人のうちその事業年度終了のときの資本金の額等が1億円以下であるもの（資本金の額もしくは出資金の額が5億円以上の法人又は相互会社の100％子法人等は除かれます）又は資本もしくは出資を有しないもの

　　　②公益法人等又は協同組合等・法人税法以外の法律によって公益法人等とみなされる法人

　　　③人格のない社団等

※2　認定事業再編事業者とは農業競争力強化支援法第19条第1項に規定する認定事業再編事業者を指します。

▶欠損金の繰戻し還付制度の不適用措置の延長

欠損金の繰戻しによる還付制度とは、青色申告書である確定申告書を提出する法人が各事業年度において欠損が生じた場合において、その欠損金をその欠損が生じた事業年度開始の日前1年以内に開始した事業年度の所得に繰戻し、その事業年度の所得に対する法人税額の全部又は一部を還付請求することができる制度です。

中小企業者の欠損金等以外の欠損金の繰戻し還付制度は適用が停止されています。この不適用措置の適用期限が2年延長されます。

ただし、136ページのコロナ対策税制により資本金の額が1億円超10億円以下の法人について青色欠損金の繰戻し還付を受けることが可能となります。

（11）少額減価償却資産の損金算入の特例の延長

増税

改正のポイント

○中小企業者等の少額減価償却資産の損金算入の特例の適用法人から、連結法人が除外されます。

○又、適用対象法人の要件のうち、常時使用する従業員の数が500人以下に引下げられます。

解説

	【改正前】	【改正後】
特例の内容	取得価額が30万円未満である減価償却資産を取得などして事業の用に供した場合には、一定の要件※のもとに、その取得価額に相当する金額を損金の額に算入することができます。 ※事業年度あたり300万円が限度額になります。	改正前と同様の取扱いが2年延長されます。
適用法人	適用対象法人の従業員要件：常時使用する従業員の数が**1,000人以下の法人**	適用対象法人の従業員要件：常時使用する従業員の数が**500以下の法人** **連結法人を特例の適用対象から除外**

※一定の要件：事業の用に供した事業年度において、少額減価償却資産の取得価額に相当する金額につき損金経理するとともに、確定申告書等に少額減価償却資産の取得価額に関する明細書（別表16（7））を添付して申告することが必要です。

（12）特定資産の買換え特定の見直し・延長

増税

改正のポイント

〇特定資産の買換え特例について、一定の見直しを行った上で、適用期限が3年延長されます（過疎地域に係る措置及び危険密集市街地に係る措置を除く）。

〇過疎地域に係る措置及び危険密集市街地に係る措置については、一定の見直しを行った上で適用期限が1年延長されます。

解説

①過疎地域に係る措置及び危険密集市街地に係る措置　→　適用期限が**1年延長**

②上記以外の特定の資産の買換えの場合等の課税の特例

　→適用期限が**3年延長**（改正内容は以下のとおりです）

	【改正内容】
既成市街地等の内から外への買換え	譲渡資産から「工場の立地が制限されていなかった区域内にある建物又はその敷地の用に供されている土地等」を除外
航空機騒音障害区域の内から外への買換え	譲渡資産が一定の区域にある場合、課税の繰延割合を80%から**70%に引下げ**
都市機能誘導区域の外から内への買換え	**課税の特例の対象から除外**
危険密集市街地内での土地等の買換え	譲渡資産の要件に「耐火建築物又は準耐火建築物と同等以上の延焼防止性能を有する建築物」を加える。 対象となる危険密集市街地を、その区域の不燃領域率が40%未満の区域に限定
長期所有の土地等の買換え	長期所有の土地、建物等から国内にある土地、建物等への買換えについて、**買換資産から鉄道事業用車両運搬具を除く**
環境負荷低減に係る日本船舶への買換え	外航船舶及び内航船舶につき、買換資産の船齢が法定耐用年数以下であることを要件に加える 港湾の作業船につき、譲渡資産の船齢要件を40年から35年未満に引下げる

5. 消費課税

（1）たばこ税の見直し

増税

〇紙巻たばこと葉巻たばこ間で大きな税負担差が生じるため、課税の公平性から葉巻たばこに係る課税が見直されます。

解説

〇軽量な葉巻たばこ（1本当たりの重量が1g未満のものをいいます）の課税標準について、葉巻たばこ1本を紙巻きたばこ1本に換算する方法とされます。

		【改正前】	【改正後】
紙巻たばこ		本数課税	本数課税
葉巻たばこ	1g未満	重量比例課税	**本数課税**
	1g以上		重量比例課税

実務上の留意点

経過措置期間中（令和2年10月1日から令和3年9月30日まで）は「0.7g未満の葉巻たばこ」を「0.7本の紙巻たばこ」とみなして課税されます。

適用時期

令和2年10月1日以後実施されます。ただし、上記のとおり一定の経過措置があります。

（2）法人に係る消費税の申告期限の特例の創設

改正のポイント

○消費税の確定申告書の提出期限が1カ月延長できるようになります。

解説

○前提：事業年度及び課税期間が4月1日から3月31日

　　　　法人税の確定申告書の提出期限の延長の特例を受けている法人

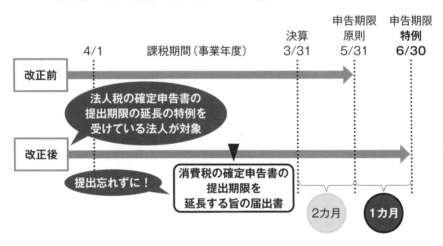

実務上の留意点

　納付期限は延長されないため、延長された期間の消費税に対して利子税が発生します。

　法人税の確定申告の提出期限の延長の特例の適用を受けている必要があります。

適用時期

　令和3年3月31日以後終了する事業年度の末日の属する課税期間から適用されます。

▶消費税申告期限の延長

　企業の事務負担の軽減や平準化を図る観点から、法人税の申告期限の延長の特例を受ける法人について、消費税の申告期限を1カ月延長される特例が創設されました。

　「消費税の確定申告書の提出期限を延長する旨の届出書」を提出する必要があります。又、延長された期間の消費税の納付については利子税を合わせて納付する必要があります。

（3）居住用賃貸建物取得等に係る消費税の 仕入税額控除制度の適正化①
増税

改正のポイント

○居住用賃貸建物（賃貸住宅）の取得に係る仕入税額控除制度が見直され、仕入税額 控除の適用が認められないこととなります。

解説

○居住用賃貸建物（賃貸住宅）の取得に係る仕入税額については、住宅家賃（非課税売 上）に対応するため、本来仕入税額控除の対象となるべきものではないにもかかわ らず作為的な金の売買を継続して行う等の手法により、仕入税額控除を行う事例が 散見されてきました。そこで、居住用賃貸建物の取得に係る仕入税額控除の計算を 適正化し、建物の用途の実態に応じて計算するよう見直されます。

【改正前】	【改正後】
居住用事業用にかかわらず 建物に係る消費税全額が 仕入税額控除の対象 ↓ 建物に係る消費税が 課税売上割合に応じて還付可能	居住用賃貸建物の 課税仕入れについては 仕入税額控除の対象外 ↓ 建物に係る消費税の還付が 受けられない

適用時期

令和2年10月1日以後に行う居住用賃貸建物の仕入れについて適用されます。

経過措置

ただし、令和2年3月31日までに締結した契約に基づき同年10月1日以後に居住用 賃貸建物の仕入れを行った場合には、従来どおりの取扱いとなります。

▶建物取得等に係る消費税の仕入税額控除制度の適正化

　居住用のマンションを取得し、同時にジュース等の自販機を設置することにより課税売上割合を100%にして消費税を還付するスキームが行われていましたが、平成22年度及び平成28年度税制改正によって消費税の還付を受けられなくする措置が講じられました。

　しかし、自販機に代わり、金売買スキームで消費税の還付を受けられる余地があったことから、令和2年度税制改正により、居住用賃貸建物の取得に係る仕入税額控除等が見直され、仕入税額控除の適用が認められなくなりました。

　ただし、居住用賃貸建物の仕入れの日から3年以内に住宅の貸付けの用以外の用に供した場合又は譲渡した場合は、その課税期間の仕入控除税額に加算して調整することとされています。

（3）居住用賃貸建物取得等に係る消費税の仕入税額控除制度の適正化②

増税

解説

【例】居住用賃貸建物1億円（税抜）購入

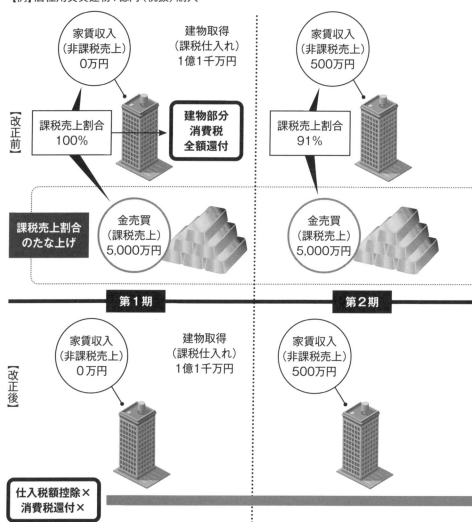

【改正前】

家賃収入（非課税売上）0万円
建物取得（課税仕入れ）1億1千万円
課税売上割合 100%
建物部分消費税全額還付

家賃収入（非課税売上）500万円
課税売上割合 91%

課税売上割合のたな上げ

金売買（課税売上）5,000万円

金売買（課税売上）5,000万円

第1期　　　　第2期

【改正後】

家賃収入（非課税売上）0万円
建物取得（課税仕入れ）1億1千万円

家賃収入（非課税売上）500万円

仕入税額控除×
消費税還付×

〈150〉

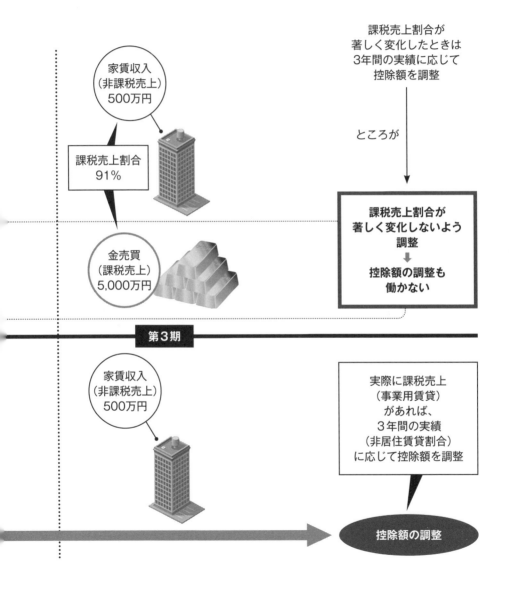

課税売上割合が
著しく変化したときは
3年間の実績に応じて
控除額を調整

ところが

課税売上割合が
著しく変化しないよう
調整
↓
控除額の調整も
働かない

家賃収入
（非課税売上）
500万円

課税売上割合
91%

金売買
（課税売上）
5,000万円

第3期

家賃収入
（非課税売上）
500万円

実際に課税売上
（事業用賃貸）
があれば、
3年間の実績
（非居住賃貸割合）
に応じて控除額を調整

控除額の調整

（3）居住用賃貸建物取得等に係る消費税の 仕入税額控除制度の適正化③

増税

解説

○仕入税額控除制度の適用を認めないこととされた居住用賃貸建物について、その仕入れの日から同日の属する課税期間の初日以後3年を経過する日の属する課税期間の末日までの間に住宅の貸付け以外の貸付けの用に供した場合又は譲渡した場合には、それまでの居住用賃貸建物の貸付け及び譲渡の対価の額を基礎として計算した額を当該課税期間又は譲渡した日の属する課税期間の仕入控除税額に加算して調整します。

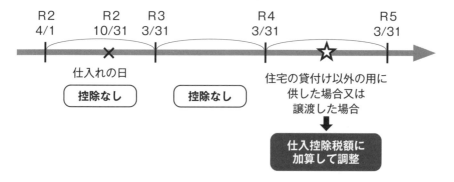

その他の改正点

（1）　住宅について、その用途を限定せず貸付けた場合であっても、人の居住の用に供することが明らかなものについて非課税となります。

（2）　高額特定資産を取得した場合の納税義務の免除等の特例の適用対象に、免税事業者から課税事業者になる際の棚卸資産に係る仕入税額控除の調整規定の適用を受けた場合を加えることとなります。

適用時期

上記（1）（2）について、令和2年4月1日から適用となります。

6. 国際課税

（1）子会社配当と子会社株式譲渡を組み合わせた 租税回避対応①

増税

改正のポイント

○海外子会社の配当と株式譲渡を組み合わせた租税回避防止策として、法人が一定の支配関係にある子会社から、一定の配当額を受ける場合、株式の帳簿価額から、その配当額のうち益金不算入相当額等を減額することとされます。

解説

○改正前においては、法人が、①子会社株式を取得したあと、②子会社から配当を非課税（持株比率に応じ一定割合が益金不算入）で受け取るとともに、③配当により時価が下落した子会社株式を譲渡すると、譲渡損失が発生しました。この損失金額を他の利益金額から控除することにより所得金額が減少するので、租税回避が可能でした。改正後は、法人が、50％超の株式等を直接又は間接に保有する子会社から、株式等の帳簿価額の10％相当額を超える配当を受けた場合は、その配当等の金額のうち益金不算入相当額を、その株式等の帳簿価額から引下げることになります。

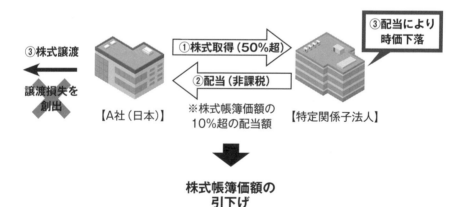

○株式帳簿価額の引下げの具体的な処理は法人税申告書別五（一）上で、利益積立金を相手科目として行われると考えられます。

金額は後述の受取配当益金不算入相当額です（法人税法施行令第9条、第119条の3第5項、第7項参照）。

（1）子会社配当と子会社株式譲渡を組み合わせた租税回避対応②
増税

用語の意味

	内容
特定関係子法人	配当等の決議の日において特定支配関係を有する他の法人をいいます。 ※特定支配関係……一の者（一の者と特殊の関係のある者を含む）が他の法人の株式等又は一定の議決権の数等の50％超を直接又は間接に有する場合における当該一の者と他の法人との関係等をいいます。
対象配当金額	特定関係子法人から受ける配当等の額（その事業年度開始の日からその受ける直前までにその特定関係子法人から受ける配当等の額を含む）をいいます。 ※次に掲げる配当等の額は、本措置の対象から除外します。 ①内国普通法人である特定関係子法人設立の日から特定支配関係発生日（法人との間に特定支配関係を有することとなった日をいう）までの間において、その発行済株式総数等の90％以上を内国普通法人もしくは協同組合等又は居住者が有する場合の対象配当金額 ②イに掲げる金額からロに掲げる金額を減算した金額がハに掲げる金額以上である場合における特定関係子法人から受ける対象配当金額 　イ　配当決議日の属する特定関係子法人の事業年度開始の日における当該特定関係子法人の利益剰余金の額 　ロ　当該開始の日からその配当等を受ける日までの間に特定関係子法人の株主が受ける配当等の総額 　ハ　特定支配関係発生日の属する特定関係子法人の事業年度開始の日における利益剰余金の額に一定の調整を加えた金額 ③特定支配関係発生日から10年を経過した日以後に受ける配当等の額 ④対象配当金額が2,000万円を超えない場合におけるその対象配当金額
益金不算入相当額	受取配当益金不算入制度等により益金不算入とされる金額に相当する金額をいいます。 ※対象配当金額のうち、特定支配関係発生日以後の利益剰余金の額から支払われたものと認められる部分の金額がある場合には、その部分の金額を超える金額を益金不算入相当額とすることができます。

▶子会社からの配当と子会社株式の譲渡を組み合わせた 租税回避への対応

　SBグループが行った子会社配当と子会社株式譲渡を組み合わせた損失発生取引に対応しようとする税制です。

　一般的に法人が資産を譲渡するときは譲渡時の価額すなわちそのときの時価で譲渡することとされています。その譲渡するときに取得時の価額＝簿価に比べて、譲渡時の価額＝時価が低ければ、簿価と時価との差額が譲渡損失として発生します。

　新聞報道等によるとSBグループの親会社は配当を受取純資産が減少した子会社の株式を他のグループ法人に売却したとのことです。

　取得したときの簿価と売却したときの時価との差額が譲渡損失として発生しました。

　この取引自体には何の違法性もありませんが、結果として他の部門の黒字金額と通算されることとなり申告所得金額がその分減少することとなりました。

　これが意図的な巨額節税とみられ、このような取引に歯止めがかけられることとなりました。

　そのために、親会社が一年間に子会社から子会社株式の簿価の一割を超える配当を受け取った場合、それに応じて子会社の簿価を引下げることを義務付け、子会社株式の譲渡による損失を回避することを目的として改正が行われました。他の事業部の黒字金額と通算することを防止しようというものです。

▶改正の内容

　法人が、特定関係子法人から受ける配当等の額が株式等の帳簿価額の10%相当額を超える場合には、その対象配当金額のうち益金不算入相当額を、その株式等の帳簿価額から引下げることとされます。

　「特定関係子法人」とは、配当等の決議の日（以下「配当決議日」という）において特定支配関係を有する他の法人のことをいいます。

　「特定支配関係」とは、一の者（一の者と特殊の関係のある者を含む）が他の法人の株式等又は一定の議決権の数等の50%超を直接又は間接に有する場合における当該一の者と他の法人との関係等のことをいいます。

「益金不算入相当額」とは、受取配当益金不算入制度等により益金不算入とされる金額に相当する金額をいいます。

　次に掲げる配当等の額は、本措置の対象から除外されています。

・特定支配関係発生日から10年を経過した日以後に受ける配当等の額
・対象配当金額が2,000万円を超えない場合におけるその対象配当金額

（2）非居住者に係る金融口座情報の自動的交換のための報告制度の見直し

改正のポイント

○非居住者に係る金融口座情報の自動的交換のための報告制度の見直しが行われます。

解説

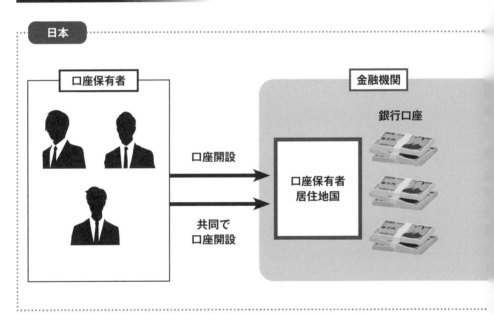

【居住地国の特定】
組合等が税務上の居住地を有しない場合には、実質的な管理の場所がある国・地域を居住地国とします。

【報告対象口座の範囲】
ストックオプション税制の口座を報告対象口座とします。

上記の見直しは令和2年4月1日より適用となります。

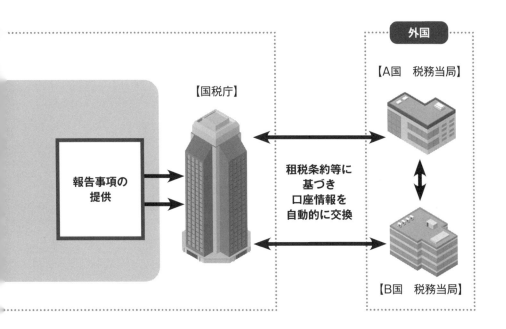

【その他】
一時的に口座の残高を減らすなどの報告を回避する行為を防止する規定を設けるほか、所要の措置を行います。

▶非居住者に係る金融口座情報の自動的交換のための報告制度等の見直し

【共通報告基準＝コモン・レポーティング・スタンダード】

　非居住者の海外預金口座情報を自動的に外国税務当局と交換する制度が、平成26年にOECDによって策定され、口座保有者の個人情報や収入情報、残高情報が現地の税務当局から我が国の国税庁へ提供されることとなりました（アメリカはFATCA）。

　我が国では外国の金融機関等を利用した国際的な脱税及び租税回避に対処するため、平成27年度税制改正により、平成29年1月1日以後、新たに金融機関等に口座開設等を行う者（自然人、法人、組合等）はその金融機関等に居住地国名等を記載した届出書を提出することが必要とされています。

【情報の内容】

・国内に所在する金融機関等は、平成30年以後、毎年4月30日までに特定の非居住者の金融口座情報を所轄税務署長に報告します。

　報告された金融口座情報は、租税条約等の情報交換規定に基づき、各国税務当局と自動的に交換されます。

平成28年12月末の残高100万ドル超、平成29年1月1日以降の法人・個人の開設口座の情報入手→税務調査へ

　　○個人情報：氏名・住所・生年月日・居住地国・納税者番号・口座番号

　　○収入情報：利子・配当・株社債などの年間受取総額

　　○残高情報：預貯金残高・有価証券残高などの口座残高

平成30年に初回交換を実施、10月現在の交換状況

　　　日本の居住者に係る金融口座情報を64カ国・地域から55万件を受領

　　　日本の非居住者に係る金融口座情報を58カ国・地域に8万9千件を提供

　口座開設者が法人である場合、その法人が下記の特定法人に該当する場合はその法人の「実質的支配者」に係る居住地国等についても届出書に記載する必要があります。

　特定法人とは次のいずれかに該当しない法人をいいます。

　上場法人、上場法人を支配する又は上場法人に支配される関係にある法人、国・地方公共団体その他の公共法人、報告金融機関等である法人等以外の法人。

　※人格なき社団や特定組合員である個人は、法人に該当しないため、特定法人に含

まれません。

例えばその法人が上場会社に該当しないときは、特定法人となり、その法人の「実質的支配者」に係る居住地国等についても届出書に記載する必要があります。

今回の改正で、設立後2年を経過していない法人は特定法人の範囲から除外されましたので、「実質的支配者」に係る居住地国等についても届出書に記載する必要がありません。

金融機関と日本国及び外国の税務当局の手続きですので、手続き自体は一般の納税者に影響はありませんが、海外に預金している金融口座情報は日本の税務当局に自動的に報告されています。

（3）外国子会社合算税制の見直し

改正のポイント

○外国子会社合算税制（いわゆるタックスヘイブン対策税制）について、部分合算課税制度対象の受取利子等の額の範囲の見直しが行われ、棚卸資産の販売から生ずる利子の額（いわゆる「ユーザンス金利」）を除外することとされます。

解説

○部分合算課税制度の対象となる受取利子等の額の範囲から、その本店所在地国においてその役員又は使用人が棚卸資産の販売事業及びこれに付随する事業を的確に遂行するために通常必要と認められる業務の全てに従事している外国関係会社が、非関連者に対して行う棚卸資産の販売から生ずる利子の額（棚卸資産の販売から生ずる利子、いわゆる「ユーザンス金利」に係るものに限る）を除外することとされます。受動的所得からユーザンス金利が除外されました。

一般的に貿易において、輸入業者が輸入代金を輸出業者へ支払うためには輸入品を販売して代金回収をする必要があります。

ユーザンスとは支払猶予を意味し、その輸出業者への支払いが、輸入品の代金回収までの一定期間猶予されることを指します。

その猶予される期間に発生する外国関係会社が受け取る受取利子が受動的所得から除外されることとなりました。

外国子会社合算税制

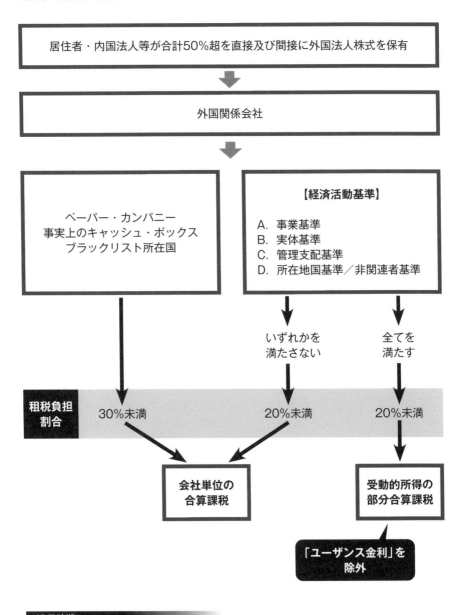

（4）外国税額控除における控除対象外国税額の範囲の見直し

○ 外国税額控除における控除対象外国税額の範囲の見直しが行われます。

解説

【背景】

○外国税額控除制度は、国際的な二重課税を排除するために、外国で納付した外国税額を、日本で納付すべき法人税額のうち国外所得に対応するものとして、一定の算式に基づいて算出した金額の範囲内で、控除することを認めるものです。

○日本で所得と認識されない金額に対して課されるものとして列挙された一定の外国法人税は、国際的二重課税の排除という制度趣旨に鑑みて、外国税額控除の対象から除外することとされています。

【改正後】

○次の外国法人税の額を、外国税額控除の対象から除外します。

1. 外国法人等の所得について、これを内国法人の所得とみなして当該内国法人に対して課される外国法人税の額

2. 内国法人の国外事業所得等において、当該国外事業所等から本店等又は他の者に対する支払金額等がないものとした場合に得られる所得につき課される外国法人税の額

[説明]

　外国子会社の租税負担割合が20％未満又は30％未満の場合、その外国子会社の所得は日本の親会社の所得に合算され、課税されます。

　外国子会社がその所在地国の税率で課税され、納付した税額が、外国税額控除における控除対象外国税額から除外され税額控除が受けられないこととなりました。

居住者に係る外国税額控除制度についても同様とします。

上記の見直しは令和3年4月1日以後に開始する事業年度分の法人税及び令和４年分以後の所得税について適用となります。

（5）過大支払利子税制における対象外支払利子等の額の範囲の見直し

〇外国法人の恒久的施設が有する債権に係る経済的利益を受ける権利が、その本店等に移転されることがあらかじめ定まっている場合には、法人からその恒久的施設に支払われる利子等の額が対象外支払利子等の額から除かれます。

解説

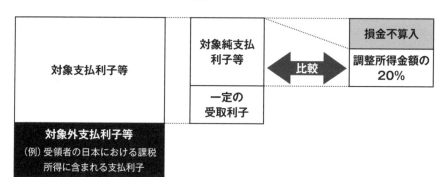

■ 改正後

外国法人の日本支店（PE）が有する債権（貸付金）に係る経済的利益（利子相当）を受ける権利が、その本店等に移転されることがあらかじめ定まっている場合、法人からそのPEに支払われる利子等の額が、対象外支払利子等ではなく対象支払利子等となります。

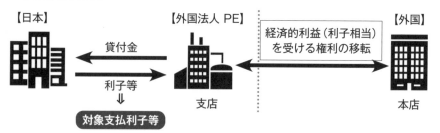

▶過大支払利子税制における対象外支払利子等の範囲の見直し

　対象支払利子とは、日本法人が関連者に対して支払う利子が過大支払税制の対象となる支払利子で、第三者に対して支払う支払利子も含まれます。

　ただし、全ての支払利子が対象となるのではなく、我が国の課税所得となる支払利子等の額や一定の公共法人に対する支払利子等の額、特定債券利子等に係る支払利子等で非関連者に対するものは過大支払利子税制の対象外支払利子等となります。

　この対象外支払利子等の額から、除外される利子が新たに定められました。

　外国法人PEの所得は我が国で課税の対象となりますが、図の貸付金から生ずる利子を受ける権利が外国の本店に移転されることが、あらかじめ定まっている場合は、その利子の金額は我が国の課税所得から除外されることになります。

　日本法人が支払うこのような利子が対象外支払利子等の額から除外され、対象支払利子等となりました。

（6）店頭デリバティブ取引に係る証拠金利子の非課税制度の対象範囲の整備法人番号等の確認制度に関する所要の整備

改正のポイント

○店頭デリバティブ取引に係る証拠金利子の非課税制度の対象範囲の整備
○法人番号等の確認制度に関する所要の整備

解説

◆店頭デリバティブ取引に係る証拠金利子の非課税制度の対象範囲が見直されます

○情報通信技術の進展に伴う金融取引の多様化に対応するための資金決済に関する法律等の一部を改正する法律の施行に伴い、本制度の対象となる店頭デリバティブ取引の範囲から、暗号試算デリバティブ取引が除外されることとなります。

	【改正前】	【改正後】
店頭デリバティブ取引	暗号試算デリバティブ取引を含みます	暗号試算デリバティブ取引を含みません

◆法人番号等の確認制度に関する所要が見直されます

○非居住者に係る金融口座情報の自動的交換のための報告制度の対象となる特定法人が届出書の提出をする場合において、その提出を受ける者が、行政手続きにおける特定の個人を識別するための番号の利用等に関する法律の規定により公表されている当該特定法人の名称、本店等の所在地及び法人番号を確認したときは、当該特定法人については、提出の際に必要な本人確認書類の提示を要しないこととされます。

○特定法人が届出書の提出をする場合において、その提出を受ける者が、電気通信回線による登記情報の提供に関する法律に　規定する指定法人から登記情報の送信を受ける方法により当該特定法人の名称及び本店などの所在地を確認したときは、当該特定法人については、提出の際に必要な登記事項証明書の提示を要しないこととされます。

　外国法人が振替国際等の利子の非課税制度等の適用を受けるために非課税適用申告書等を提出する場合について、上記と同様の措置を講じます。

7. 納税環境整備

（1） 振替納税の通知依頼及びダイレクト納付の利用届出の電子化

（2） 準確定申告の電子的手続きの簡素化

（3） 納税地の異動があった場合の振替納税手続きの簡素化

（4） 電子帳簿等保存制度の見直し

（5） 国外財産調書制度の見直し①②

（6） 国外取引等の課税に係る更正決定等の期限制限の見直し

（7） 利子税・還付加算金等の割合の引下げ

（8） 期限到来間際にされた申告に係る加算税の
賦課決定期限の整備

（9） 不動産公売等における暴力団員等の買受け防止措置の創設

（1）振替納税の通知依頼及び ダイレクト納付の利用届出の電子化

○振替納税の通知依頼及びダイレクト納付の利用届出について、e-Taxにより申請等を行うことが可能となります。

○e-Taxで送信する際に申請等を行う者の電子署名や電子証明書の送信は不要です。

	【改正前】	【改正後】
届出方法	書面での提出に限定	e-Taxによる届出も可能

【改正後】

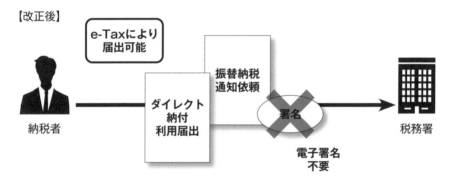

メッセージボックスに利用可能となった旨が格納されます。

令和3年1月1日以後に行う申請等について適用されます。

（2）準確定申告の電子的手続きの簡素化

改正のポイント

○準確定申告をe-Taxで行う場合、一定の確認書を添付することで送信者以外の相続
　人の電子署名と電子証明書の送信が不要になります。

解説

○申告データを送信する相続人以外の相続人が申告書の内容を確認したことを証する
　電磁的記録（以下、「確認書」という）を添付する場合には、送信する相続人以外の相
　続人の電子署名及び電子証明書の送信は不要となります。

	【改正前】	【改正後】
準確定申告を e-Taxで行う場合の 電子署名等	相続人全員の 電子署名等が必要	確認書を添付した場合、 送信者以外の相続人の 電子署名等は不要

【改正後】

実務上の留意点

　送信する相続人の電子署名は変わらず必要となります。

　令和2年分以後の所得税の準確定申告書を令和2年1月1日以後に提出する場合について適用されます。

（3）納税地の異動があった場合の振替納税手続きの簡素化

○転居等により申告書の提出先の税務署が変わった場合の振替納税手続き（振替納税の変更申込み）が簡素化されます。

○振替納税を行っている個人が他の税務署管内へ納税地を異動した場合において、その個人が提出する納税地の異動届出書等に、その異動後も従前の金融機関の口座から振替納税を行う旨を記載したときは、異動後の所轄税務署長に対してする申告等について振替納税を引き続き行うことができるようになります。

提出書類	提出先	【改正前】	【改正後】
所得税（消費税）の納税地の異動に関する届出書	異動前の税務署	必要	必要
預貯金口座振替依頼書兼納付書送付依頼書	異動後の税務署	必要	不要

異動届出書等に、その異動後も従前の金融機関の口座から振替納税を行う旨の記載が必要になります。

令和3年1月1日以後に提出する納税地の異動届出書等について実施されます。

（4）電子帳簿等保存制度の見直し

○電子帳簿等保存制度が緩和され、電子取引を行った場合の電磁的記録の保存方法が追加になります。

○電子マネーやクレジットカード決済の利用履歴は紙での保存が原則でしたがデータの変更ができない仕様のクラウドサービス等で保存すれば電子データのみの保存が認められることとなります。

解説

○国税関係帳簿書類の保存義務者が電子取引（取引情報の授受を電磁的方法により行う取引をいう）を行った場合の電磁的記録の保存方法の範囲に、以下の方法が追加されます。

		【国税関係帳簿書類の保存義務者が電子取引を行った場合】
電磁的記録の保存方法	追加	発行者のタイムスタンプが付された電磁的記録を受領した場合において、その電磁的記録を保存する方法
		電磁的記録について訂正又は削除を行った事実及び内容を確認することができるシステム（訂正又は削除を行うことができないシステムを含む）において、その電磁的記録の授受及び保存を行う方法

実務上の効果

電子取引のデータが適正に保存されていれば、請求書や領収書等の受領やスキャン作業が不要となりますので大量の紙を保管するスペースや経理の事務作業を減らすことが期待されます。

電子取引のデータとは、紙で作成された請求書等をメールで電子的に受領したものをいうのではなく請求内容等を電磁的記録として受領するものをいいます。

令和2年10月1日から施行されます。

▶電子帳簿保存法の見直し

　セキュリティクラウドサービスによる管理を条件に決済データを領収書がわりに保存できるようになります。

・ 電子取引とは取引情報の授受を電磁的方式により行う取引のことをいいます（電子帳簿保存法第2条第6号）

・ 取引情報とは取引に関して授受する契約書、請求書、領収証、注文書やその他これらに準ずる書類に通常記載されている事項のことをいいます（同法第2条第6号）。

・ 電磁的記録とは電子的方式、磁気的方式その他の人の知覚によっては認識することができない方式で作られる記録のことをいいます（同法第2条第3号）

（5）国外財産調書制度の見直し①

〇国外において行われた取引等については、執行管轄権の制約上、税務当局が直接現地に赴いて事実関係を確認することは困難であり、適正な課税の公平が実現できていない点が問題となっていました。

〇納税者による適切な情報開示を促す観点から国外財産調書等について記載の柔軟化と加重措置等の見直しがされます。

解説

改正項目	【改正前】	【改正後】
（1） 相続国外財産に係る相続直後の国外財産調書等の記載の柔軟化	その年の12月31日において ・遺産分割が成立していない場合 　➡法定相続分で按分した価額を記載 ・遺産分割が成立している場合 　➡それぞれの持分に応じた価額を記載	・相続開始年分の相続国外財産については**記載せずに提出可能** ・国外財産調書の提出義務は**国外財産の価額の合計額からその相続国外財産の価額の合計額を除外して判定** ※財産債務調書における相続財産についても同様とする
（2） 国外財産調書の提出がない場合等の過少申告加算税等の加重措置の見直し	・提出期限内に提出がない場合又は期限内提出の場合でも国外財産の記載漏れがあったとき等にその国外財産に関する所得税等の申告漏れ（死亡した方に係るものを除く）が生じたとき 　➡過少申告加算税等が**5%加重**	左記に加え ・**相続国外財産に対する相続税**に関し**修正申告等**があった場合 　➡過少申告加算税等 が **5%加重** ※その年の12月31日において相続国外財産を有する者に①期限内に提出がなかったこと及び②相続国外財産の記載がなかったことについて帰責性がないと認められる場合を除く

改正項目	【改正前】	【改正後】
(3) 過少申告加算税等の特例の適用の判定の基礎となる国外財産調書等の見直し	（現行法には規定なし）	・**相続国外財産**に対する相続税に関し**修正申告等**があった場合の判定の基礎は以下のとおりとする。 ①国外財産調書の提出がある場合の過少申告加算税等の軽減措置 イ～ハに掲げる国外財産調書のいずれか 　イ　被相続人の相続開始年の前年分の国外財産調書 　ロ　相続人の相続開始年の年分の国外財産調書 　ハ　相続人の相続開始年の翌年分の国外財産調書 ②過少申告加算税等の加重措置 　上記イ～ハに掲げる国外財産調書の全て

※「相続国外財産」⇒ 相続又は遺贈により取得した国外財産

適用時期

（1）令和2年分以後の国外財産調書又は財産債務調書について適用となります。

（2）（3）令和2年分以後の所得税又は令和2年4月1日以後に相続もしくは遺贈により取得する財産に係る相続税について適用となります。ただし、相続開始年の年分については適用されません。

（5）国外財産調書制度の見直し②

改正のポイント

〇国外財産調書に記載すべき国外財産に関する書類の提示又は提出がない場合の加算税の軽減措置及び加重措置の特例が創設されます。

解説

【制度の概要】

・各年末に5,000万円超の国外財産を有する個人は、その種類や価額等（ストック情報）を記載した調書を提出する必要があります。

・国外財産に関する所得等の申告漏れが把握された場合。

    a   調書記載の国外財産に係る分は過少（無）申告加算税を5％軽減（所得税・相続税に適用）

    b   調書不提出・記載不備に係る分は同加算税を5％加重（所得税のみ適用（相続税は不適用））

・国外財産調書に偽りの記載をして提出した場合又は正当な理由なく期限内に提出しなかった場合は1年以下の懲役又は50万円以下の罰金に処されることがあります。

【改正後】

・加算税の特例について上記現行制度を基本としつつ、納税者が、 税務調査時の当局の求めに応じ、関連資料を指定された期限までに提示・提出しない場合。

    a   調書記載の国外財産に係る分についても加算税軽減は不適用

    b   調書不提出・記載不備に係る分は加算する割合を10％（適用前加算割合は5％）とする。

（注）上記において、納税者に帰責性がないと認められる場合には、加算する割合を5％（適用前加算割合はなし）とする。

〇国外財産を有する者が、国税庁等の職員から国外財産調書に記載すべき国外財産の取得、運用又は処分に係る書類の提示又は提出を求められた場合において、指定された期限までに提示又は提出をしなかったときの加算税の軽減措置及び加重措置の適用については下記の表のとおりとなります。

	【現行制度 ※1】	【改正後】
通常	10%	10%
調書に記載あり	5% （5%軽減）	5%
関連資料の不提示・不提出	5%	10% （軽減不適用）
調書の不提出・記載不備	15% （5%加算）	15%
関連資料の不提示・不提出	15%	20% （10%加算）

※1　期限内申告額と50万円のいずれか多い金額を超える分は15%

適用時期

　令和2年分以後の所得税又は令和2年4月1日以後に相続もしくは遺贈により取得する財産に係る相続税について適用となります。

▶国外財産調書制度の見直し

　国外財産調書の提出の制度は平成24年度の税制改正で導入され、平成26年1月から施行されています。

　海外に5千万円超の資産を持つ人が提出する義務があり税務調査で提出を求められる書類です。平成30年分の総提出件数は9,961件で総財産額は3兆8,965億円です。

　富裕層の所得税申告漏れが増えていることが背景にあり、実態のつかみにくい国外財産を把握して適正な課税を実現しようという意図が見受けられます。

平成27年１月以降提出分に関しては、正当な理由がない不提出や虚偽記載には罰則が適用されることとされています。

1 相続国外財産について記載が不要になりました

相続が開始した年の12月31日において国外にある相続財産についても財産調書に記載することとされていましたが、この度の改正で相続開始年分の国外相続財産については記載しなくてよいことになりました。

この金額を国外財産から減額して５千万円超かどうかを判定し、提出が必要かどうかを判断することとなります。

2 国外財産調書の期限内提出がなかった場合等の過少申告加算税等の加重措置の見直し

【現行】

①国外財産調書を期限内に提出した場合は、その財産調書に記載されている財産に関して所得税等、相続税に申告漏れが生じたときであっても過少申告加算税等について５％軽減されています。

②国外財産調書の期限内提出がなかった場合、又、その財産調書に記載すべき財産の記載がなかった場合に所得税等の申告漏れが生じたときは、過少申告加算税等について５％加重されています。

③正当な理由がなく期限内に提出がない場合又は偽りの記載をして提出した場合は１年以下の懲役又は50万円以下の罰金に処されます。

※軽減措置とは、申告漏れ等が指摘された場合での加算税が５％軽減される措置をいい、加重措置とは、反対に加算税が５％加重される措置です。

【改正】

上記現行の加重措置の適用対象に相続国外財産に係る修正申告等があった場合を加えることとなりました。

ただし、相続国外財産に関して次の場合は加重措置の適用はありません。

①相続国外財産を有する者の責めに帰すべき事由がなく提出期限内に国外財産調書の提出がない場合

②相続国外財産を有する者の責めに帰すべき事由がなく記載すべき相続国外財産についての記載がない場合。

3 国外財産調書に記載すべき国外財産に関する書類の提示又は提出がない場合の加算税の軽減、加重措置の特例の創設

　国外財産調書に記載すべき国外財産につき、その取得、運用又は処分に関して通常保存等すべき書類の提示・提出を求められた場合、求められた日から60日以内の指定日までに提示・提出しなかったときは（その者の責めに帰すべき事由がない場合を除く）その国外財産に係る加算税の軽減措置及び加重措置については次のとおりです。

①その国外財産に係る加算税の軽減措置は適用されません。

②その国外財産に係る加算税の加重措置については加算する割合を10％とします。

（注）②については、相続国外財産を有する者の責めに帰すべき事由がない場合は加算割合を5％とします。

（6）国外取引等の課税に係る更正決定等の期限制限の見直し

改正のポイント

○国外取引等に関して、納税者が指定された期限までに必要な資料を提示又は提出せず、外国税務当局に対して情報提供要請が行われた場合、現行の期間制限にかかわらず、情報提供要請から3年間は更正決定が可能となります。

解説

○国外取引等の課税について、更正決定等の期限制限が見直されます。

【改正前】	【改正後】
一般的な場合：5年 偽りその他不正の場合：7年	左記のほか、下記①の事由が発生した場合に、②の事由に基づいて行われる更正決定等については、租税条約等の相手国等に対して情報提供要請に係る書面が発せられた日から3年間行うことができる。 ①国税庁等の職員が指定する日までに、納税者が国外取引又は国外財産に関する書類を提示又は提出しなかったこと（納税者の責めに帰すべき事由がない場合を除く） ②国税庁長官等が租税条約等の規定に基づき、租税条約等の相手国等に上記①の国外取引又は国外財産に関する情報提供要請をした場合において、課税標準等又は税額等に関し、その提供された情報に照らし非違があると認められること

令和2年4月1日以後に法定申告期限等が到来する国税について適用となります。

（注）　上記の「国外取引」とは、非居住者又は外国法人との間で行う資産の販売、資産の購入、役務の提供その他の取引（非居住者又は外国法人が提供する場を利用して行われる取引を含む）をいう。

（7）利子税・還付加算金等の割合の引下げ

〇利子税について、市中金利の実勢を踏まえ、その割合の引下げが行われます。同様に、還付加算金の割合についても引下げが行われます。

解説

〇利子税・還付加算金の割合

		内容	本則
利子税		法人における申告期限の延長に係る納付、相続税の延納等の場合に約定利息として課税	7.3%
還付加算金		国から納税者への還付金に付される利息	7.3%
延滞税		法定納期限を徒過し履行遅滞となった場合に遅延利息として課税	14.6%
	2カ月以内等	早期納付を促す観点から低い利率	7.3%
	納税の猶予等	事業廃止等、納税者の納付能力の減退といった状態に配慮し、軽減	7.3%

適用時期

令和3年1月1日以後の期間に対応する利子税・還付加算金等について適用となります。

	【改正前】	【改正後】	（参考） 貸出約定平均金利が 0.6%の場合
	貸出約定平均金利 ＋1%	**貸出約定平均金利 ＋0.5%**	1.1%
	貸出約定平均金利 ＋1%	**貸出約定平均金利 ＋0.5%**	1.1%
	貸出約定平均金利 ＋1% ＋7.3%	貸出約定平均金利 ＋1% ＋7.3%	8.9%
	貸出約定平均金利 ＋1% ＋1%	貸出約定平均金利 ＋1% ＋1%	2.6%
	貸出約定平均金利 ＋1%	**貸出約定平均金利 ＋0.5%**	1.1%

（8）期限到来間際にされた申告に係る加算税の賦課決定期限の整備

○賦課決定の期限到来間際に納税申告書等の提出がされた場合には、加算税の賦課決定及び加算金の決定について、その提出の日から3カ月を経過する日まで行うことができることとされます。

解説

【改正前】

納税申告書等の提出時期にかかわらず賦課決定期限が定められています。

【改正後】

賦課決定をすることができないこととなる日前3カ月以内にされた納税申告書の提出又は納税の告知を受けることなくされた源泉所得税等の納付に係る無申告加算税又は不納付加算税の賦課決定について、その提出又は納付がされた日から3カ月を経過する日まで行うことができることとされます。

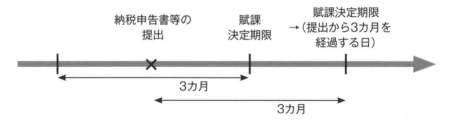

適用時期

令和2年4月1日以後に法定申告期限等が到来する国税加算税及び地方税加算金について適用となります。

（9）不動産公売等における暴力団員等の 買受け防止措置の創設

○国税及び地方税の不動産の公売等について、暴力団員等による買受けの防止措置が 創設されます。

解説

○不動産公売等の流れ（イメージ）

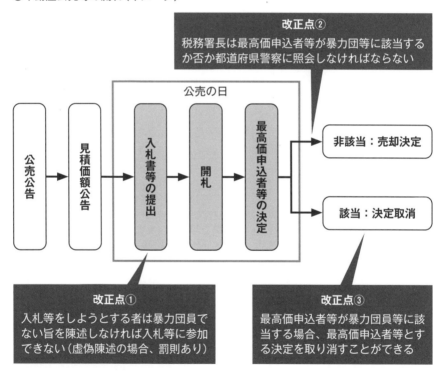

改正点②
税務署長は最高価申込者等が暴力団等に該当する か否か都道府県警察に照会しなければならない

公売の日

公売公告 → 見積価額公告 → 入札書等の提出 → 開札 → 最高価申込者等の決定

非該当：売却決定

該当：決定取消

改正点①
入札等をしようとする者は暴力団員で ない旨を陳述しなければ入札等に参加 できない（虚偽陳述の場合、罰則あり）

改正点③
最高価申込者等が暴力団員等に該 当する場合、最高価申込者等とす る決定を取り消すことができる

適用時期

令和3年1月1日以後に行う公告に係る公売等について適用となります。

本書の内容は財務省「令和2年度税制改正の大綱（令和元年12月20日閣議決定）」、財務省主税局「参考資料」、経済産業省資料、厚生労働省資料、金融庁資料、農林水産省資料、総務省資料、自由民主党税制改正調査会資料、各種新聞報道、週刊T&Amaster、週刊税務通信、その他の資料に基づき作成しております。

　又、内容につきましては、情報の提供を目的として、想定される一般的な法律・税務上の取扱いを記載しております。このため、諸条件により本資料の内容とは異なる取扱いがなされる場合がありますのでご留意ください。

　実行にあたっては、税理士・弁護士等と十分にご相談の上、ご自身の責任においてご判断くださいますようお願い申し上げます。

- 「自民党税制改正大綱」
- 「財務省税制改正資料」

- 「財政運営と改革の基本方針2019について」(令和元年６月、閣議決定)
- 「成長戦略実行計画」(令和元年６月)
- 「経済社会の構造変化を踏まえた令和時代の税制のあり方」(令和元年９月、政府税制調査会)
- 「安心と成長の未来を拓く総合経済対策」(令和元年12月)

- 「読売新聞」(令和元年６月から令和２年４月)
- 「日経新聞」(令和元年11月から令和元年12月)

- 財務省ホームページ
- 国税庁ホームページ
- 厚労省ホームページ
- 経済産業省ホームページ
- 総務省ホームページ

［編著者プロフィール］
辻・本郷 税理士法人 ダイレクトアシスト
税理士　八重樫 巧

　早稲田大学政治経済学部卒業。東京国税局の資料調査課、調査部、査察部で法人税調査に従事した。管内の税務署では、特別調査情報官として局間連携事案の企画・調査、国際調査情報官として海外事案調査に従事した。平成19年税理士登録、現在は会長室に所属し、辻・本郷 グループの審理事務に従事している。

辻・本郷 税理士法人　税制改正ＰＴ
〒160-0022
東京都新宿区新宿4丁目1番6号　JR新宿ミライナタワー28階
電話　03-5323-3301（代）　FAX　03-5323-3302
URL　https://www.ht-tax.or.jp/